Helmut Frangenberg

HANS SÜPER

Mein Leben mit der Flitsch

inklusive QR-Codes

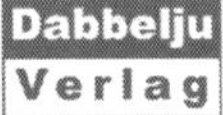

Der Autor
Helmut Frangenberg ist Journalist, Krimiautor und Karnevalspräsident bei der Mitsinginitiative „Loss mer singe“ und der Kneipensitzung „Jeckespill“. Der Vater von zwei Söhnen arbeitet als Redakteur beim „Kölner Stadt-Anzeiger“.

Dritte Auflage 2024

Fotos: Kay-Uwe Fischer (Cover) ZIK (S. 44, 52, 71, 84), Walter Schiestel (S. 33, 43, 46, Umschlagrückseite unten), F. W. Holubovsky (S. 34, 39, 55), Walter K. Schulz (S. 50), Stefan Worring (S. 60), Hansherbert Wirtz (S. 62), Jürgen Lukaschek/ Mitteldeutsche Zeitung (S. 66), Klaus Michels (S. 68), Christa Dederich/ WDR (S. 77), Franz Schwarz (S. 78, 80), Kurt Oxenius/Bild Köln (S. 82), Hans Stenglein/Bild Köln (S. 88), Josef Ley/Bild Köln (S. 90), Manfred Kühlem/Bild Köln (S. 92), Reiner Wirtz (S. 94, 96, 97, Umschlagrückseite Mitte), Dieter Babbel/Bild Köln (S. 99), Roland Jüttner/Bild Köln (S. 100), Klaus Panzer (S. 104), Daniel Tiemann (S. 109). Alle weiteren Bilder stammen aus Privatbesitz.

Umschlaggestaltung: Matthias Langer, m-design, Köln
Druck: bookpress.eu
ISBN 978-3-939666-38-7

„Dat janze Leben ist Geschichte. Du darfst nicht nach hinten gucken. Du musst immer nach vorne gucken. Vürre jeiht die Welt av. Vorne, vorne! Hinten ist vorbei. Dat muss de alles verjesse. Jot, für e Buch ze schrieve, es dat schläăch. Ävver wat sull ich met nem Buch? Dat kauft doch keiner. Scheiß drop. Nur Arbeit! Et jitt mich im Fernsehen üvverall, immer widder. Da bruch doch keiner e Buch."

(Hans Süper im „Sölzer Klaaf", Mai 2010)

Der anfängliche Widerstand konnte gebrochen werden, die Skepsis blieb bis zum Schluss. „Die Leute solle mich un minge Partner su in Erinnerung behalde, wie se uns all die Johre jesinn han", sagt Hans Süper. Das macht das Schreiben einer Biografie, die auch hinter die Kulissen gucken will, nicht einfacher. Denn natürlich sind es auch die Brüche und Konflikte, die ein Künstlerleben interessant machen. Die Trennung des Colonia Duetts hatte schließlich eine ganze Stadt unter Schock gesetzt. Und von den einfachen Verhältnissen, in denen Hans Süper groß wurde, muss ebenso berichtet werden wie von seinem Kampf, sich aus dem Schatten des Vaters zu befreien – auch wenn er darüber nur wenig preisgeben möchte. Süper weiß, dass er Ecken und Kanten hat, und es fällt ihm schwer, sich an alles zu erinnern: „Da wirft man mal was durcheinander. Und bei manchen Sachen will man sich gar nicht erinnern. Da muss man mal ein bisschen lügen." Und so zitiert er gerne – vor allem sich selbst. Liedzeilen und Witzchen sind über die Jahre zu fixen Antworten geworden. Auf die Frage, wie er denn Komiker geworden ist, erzählt er, wie sich seine Eltern über seine Wiege beugten und sagten: „‚Dat es en Witz!' Ab da war ich Komiker." Und die Wahrheit? Süper zieht die Schultern hoch. „Mehr muss ich doch nit sage."

Von einem typischen Clown sagt man, er sei in dem Moment, wo er die Maske ablegt oder sich abgeschminkt hat, ein ernster, sensibler Mensch. Hans Süper ist so ein Mensch. Nur dass er sich für seine Auftritte keine Maske aufsetzte. Deshalb ist es schwer für ihn, eine Grenze zwischen Rolle und Privatleben zu ziehen. Folgerichtig sagt er: „Das Leben ist eine große Bühne." Das Buch beschreibt das Leben eines kölschen Originals, eines großen Komikers und Musikers auf dieser Bühne. Es erzählt Geschichten aus der Stadt, die Hans Süper liebt, aus kölschen Kneipen und aus dem Karneval auf und hinter den Bühnen. Dafür wurden Gespräche an verschiedenen Kneipen- und Küchentischen geführt. Süper spricht kölsch, manchmal – wenn es wichtig wird – hochdeutsch, manchmal beides in einem Satz. Kölschpuristen werden manche Schreibweise bemängeln. Doch Authentizität kann nicht immer Rücksicht auf starre Regeln nehmen. Süpers Partner, Hans Zimmermann und Werner Keppel, haben genau wie die Vier Botze nicht in die Grammatik geschaut, bevor sie ihre Texte zu Papier brachten. Und so findet sich auch in den abgedruckten Liedtexten manche Eigenart.

Damit im Text Erwähntes durch Hörbares lebendiger wird, findet man im Buch so genannte QR-Codes. Scannt man sie mit dem Smartphone, hört man für Süper typische Tondokumente wie das Lied von der „Fleech“ und „Mi Kölle dräht en Peelekett“ vom Colonia Duett, „Die Mösch“ vom Süper Duett sowie eine wunderbare Reminiszenz an die Vier Botze: Tommy Engel und Hans Süper, zwei Söhne der „Botze“, singen zusammen mit Gerd Köster und Frank Hocker „En dr Kayjass Nummer Null“. Zwei besondere Dokumente sind Süpers Version vom „kölschen Jung“ und der „Blues for the Flitsch“, eine Kooperation mit der Kölner Saxophon Mafia. Außerdem gewährte Wicky Jungeburth einen Einblick in sein unerschöpfliches Tonarchiv, in dem sich auch eine Aufnahme eines Auftritts von Hans und Paul Süper aus dem Jahr 1952 befindet, die mit viel Mühe hörbar gemacht wurde.

Dieses Buch hätte nicht ohne die Hilfe und Erinnerungen zahlreicher Zeitzeugen entstehen können. Besonderer Dank gebührt Grete Zimmermann, Werner Keppel, Paul Süper und vor allem Reiner Ostertag. Für weitere Gespräche standen zur Verfügung: die Söhne Ralf und Markus Süper, Ehefrau Helga, die Freunde und Weggefährten Tommy Engel und Ludwig Sebus, Hartmut Prieß und Bömmel Lückerath von den Bläck Fööss, die Musiker Mike Herting und Wollie Kaiser, das kölsche Urgestein Charly Bermüller, die Nichten Tamara und Sarah Süper, Hänneschen-Chef Heribert Malchers sowie Arzt Walter Möbius. Die Siegburger Seniorenzeitschrift „65er Nachrichten“ half bei der Spurensuche nach „Dill und Dopp“, die erfolgreich bei der Familie des verstorbenen Marcel Schmidt endete. Ein letzter Dank gilt den Fotografen, die ihre Bilder für das Buch zur Verfügung gestellt haben, sodass das Leben des Hans Süper noch anschaulicher werden konnte.

Samba en dr Schemmerjass

Der Sohn eines großen Musikers

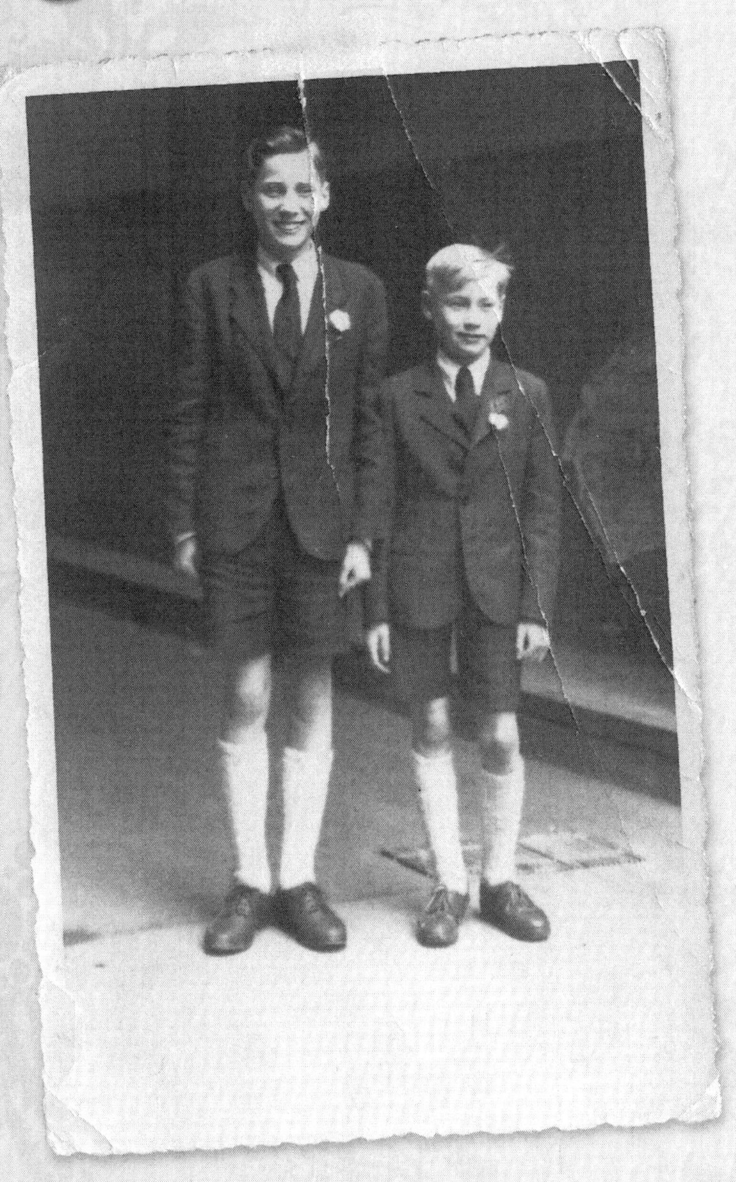

„Die Kölner singen, dat et fröher schön war: Dat stimmt. Et wor schöner fröher. Heute haben wir von allem zu viel, alles muss modern sein. Mer konnte uns fröher über ne Holzeisenbahn freuen. Heute muss es ein Porscheschlüssel sein, wenn de reiche Eltern hast. Et wor zwar alles kapott un et joov vill Elend, ävver mer hatte doch en schöne Jugendzeit.“

„Alt Kölle!“ hat Hans Süper senior das Lied genannt und „Ein kleiner Lebenslauf“ dahinter in Klammern gesetzt. Ein Text aus den 1950er-Jahren, den er ursprünglich wohl für die Vier Botze geschrieben hat, mit denen er in Kneipen, Sälen und in Varietétheatern auftrat. Für seine Söhne Hans und Paul wurde aus „Alt Kölle“ der „Samba en dr Schemmerjass“, den sie dann als die Zwei Schnürreme zum Besten gaben. Die Süpers besingen „dat Jässje“, das man sogar „em Düstere finge“ konnte. „Mer jinge noh dem Jeroch. Do dät mer Rievkoche backe un singe, do lierte mer uns Muttersproch. Mer han jelaach bes en de Naach, bes manchmol en dr hellen Dach.“ Das Lied handelt von der angeblich so guten alten Zeit, die man in Köln schon immer gerne besungen hat. „Dat wor en Zick, schöner wie hück. Die wünsche mer uns widder zeröck.“ Dieses Lied wurde in den 1950er-Jahren von den Zwei Schnürreme vorgetragen und auch heute singt Hans Süper es noch, wenn er einen seiner seltenen Auftritte als Karnevalsrenter hat. Im Refrain heißt es: „Stündt hück noch dat ahle Veedel, Jung dat jöv en Spaß. Samba, Samba dät mer danze en dr Schemmerjass.“ Das Lied erzählt eine kölsche Geschichte aus dem Viertel zwischen Neumarkt, Rothgerberbach und Blaubach, Kämmergasse und dem Hohenstaufenring. Hier im Griechenmarktviertel, nicht weit entfernt von der legendären „Kayjass Nummer Null“, lebte die Familie Süper vor dem Zweiten Weltkrieg.

In diesem kölschen Veedel fanden 1933 die Gründer der legendären Vier Botze zusammen: Hans Süper senior, Hans Philipp „Fibbes“ Herrig, Gerhard „Grätes“ Böckem und Ferdinand „Fänand“ Vossenberg. In Zeiten größter Arbeitslosigkeit, Not und gewaltsamer politischer Auseinandersetzungen zogen die vier Musiker als Quartett mit einem Leiterwagen durch die Gaststätten in Köln und Umgebung. Sie sangen Volkslieder und eigene Kompositionen, begleitet von zwei Gitarren und Süpers Mandriola. Überweite Hosen wurden als Markenzeichen gewählt. Gerhard Böckem ging nach dem Auftritt mit dem Hut durch die Lokale und sammelte die Groschen ein.

Während die Nazis damit begannen, ihre Diktatur aufzubauen, stiegen die kölschen Straßenmusikanten in den Sitzungskarneval ein. Am 11.11.1933 präsentierten sie sich erstmals auf einer großen Karnevalsbühne. 1935 löste Richard „Rickes" Engel Gerhard Böckem ab. Sein Freund Jakob „Köbes" Ernst wechselte 1938 von den Rheinparodisten zu den Vier Botze, für ihn machte Ferdinand Vossenberg Platz. In dieser Besetzung wird die Gruppe schon vor dem Krieg weit über die Grenzen Kölns hinaus bekannt, wie Heinz Koll 2001 in seiner Kölsch-Diplomarbeit für die „Akademie för uns kölsche Sproch" über die Vier Botze schreibt. Ganze neun Platten wurden aufgenommen, dazu gab es bundesweite Radioübertragungen der kölschen Musikanten. Der spätere Partner von Hans Süper junior im Süper Duett, Werner Keppel, kann sich noch an Auftritte der Vier Botze auf der Schildergasse erinnern. Wenn er als kleiner Junge mit seiner Mutter in die Stadt fuhr, um im „Cafe Zimmermann" Havanna-Kuchen zu essen, spielten auf der Straße öfters mal die Vier Botze. „Da sind wir immer stehen geblieben und haben ein bisschen zugehört."

Hans Süper junior fällt es schwer, im Rückblick über seinen Vater zu sprechen. Es mischt sich viel Respekt für den Musiker mit Enttäuschung über die Vaterfigur. Ein „echter Künstler" sei er gewesen, aber eben immer auch „op Jöck". „Dr Stump", wie Hans Süper senior wegen seiner Figur genannt wurde, hatte eine musikalische Ausbildung genossen. Er war ein „Notist", wie sein Sohn sagt. Einer, der Noten nicht nur lesen konnte, sondern sie auch anderen beibrachte. Man sagt ihm das absolute Gehör nach, die seltene Fähigkeit, einen Ton ohne Hilfsmittel bestimmen zu können. Sein Instrument in der Gruppe war die Mandriola. Auch Geige soll er hervorragend gespielt haben, doch dieses Können kam bei den Vier Botze nie zum Einsatz. Während Hans Philipp Herrig für Organisation und Management verantwortlich war, sorgte Süper für Musik und Arrangements.

Ist es bei seinem Vater der Respekt vor dessen musikalischem Können und dem Erfolg der Vier Botze – „die woren der absolute Hammer" –, so ist das Bild der Mutter von großer Anerkennung für ihren Fleiß und ihre Energie geprägt. Sie sorgte für die Familie, wenn der Vater unterwegs war.

Text: Hans Süper Musik: Hans Süper

ALT KÖLLE! (Ein kleiner Lebenslauf!)

Wat mir Üch singe dat es nitt geloore,
Denn lege litt uns nitt.
Mir sinn em Hätze vun Kölle geboore
E Gässge watt am Nümaat litt.
Dat Gässge kunnt mer em düüstere finge
Mer Ging no denm geroch.
Do dät mer Rievkoche backe un singe
Do ~~xxxxxxx~~ lierten mir uns Muttersproch.
Mir hann gelach bis en de Nach bis maschmal
en dr hellen Dag jajá ja.

Refrain:

Stünd Hück noch dat aale Veedel Jung dat Jööv en spaß.
Sammba Samba dät mer danze en der Schemmergasse.
Wenn et Tring et Pefferliss mem decke Portmanie
Danze durch de Riefkoche Allee: W.H: Jajaja:

Met 6 Johr ginge mer endlich dann Schulle
Dat fluppten ganz famos
Mer däten machen en 8 us zwei Nulle
Dat gov et en der Kaygass blos
Am beste kunnten mer Singe un schrieve
Wenn längs de Klass wor fott
Dann durften mer eins /zwei Stündche noch blieve
Der Lehrer schlog der Stock kapott
Dat wor en Saach han usgedacht
Un han der Lehrer usgelaach

Refr. Stünd hück noch usw.

Un fierte mer en der Schämmergass Kirmes
En der St. Pitters Fahr
Beim Jaspers Schäl un beim Harstick beim Bollig
Do schmock e Körnche wunderbar
Vun wiggem höt mer dann Orgelstön klinge
Dat wor de Casteroll
Hä wor dat leedche vum Frühling am singen
Dä Kääl wor iwig ~~wall~~ Stänevoll
Dat wor en Zick schöner wie hück
Die wünsche mer uns widder zurück.

Refr. Stünd dat usw.

Originalmanuskript zu „Samba en dr Schemmerjass“ (ursprünglicher Titel: Alt Kölle), getippt von Hans Süper senior

„Die wor spitze, einfach spitze." Ursula „Lina" Süper, geborene Danz, war eine Kölsche durch und durch. Am 29. Dezember 1933 brachte sie ihren Sohn Paul, der später den Spitznamen „Charly" bekam, zur Welt. Er war das zweite Kind der Familie, Sohn Berni war mit sechs Jahren gestorben. Der dritte Sohn Hans wurde am 15. März 1936 im Severinsklösterchen in der Südstadt geboren. Ein viertes Kind starb kurz nach der Geburt.

Eine Woche bevor Hans Süper das Licht der Welt erblickte, waren Soldaten der deutschen Wehrmacht in das bis dahin entmilitarisierte Rheinland einmarschiert. Jubelnde Kölner beklatschten den Bruch des Versailler Vertrags, der dem Deutschen Reich nach dem Ersten Weltkrieg untersagt hatte, Truppen im linksrheinischen Köln und entlang des rechten Rheinufers zu stationieren. Die NSDAP organisierte in der Innenstadt eine große „Freiheitskundgebung". Am 28. März 1936 besuchten Adolf Hitler, Joseph Goebbels und Rudolf Heß die Stadt. Das Alltagsleben ging zu diesem Zeitpunkt für die meisten Kölner noch recht uneingeschränkt weiter. Im August beerdigte man Willi Ostermann und das Millowitsch-Theater zog in einen größeren Saal an der Aachener Straße, wo „Dr Etappenhaas – Lustspiel aus der Kriegszeit in vier Aufzügen" gegeben wurde. Außerdem bejubelten die Kölner den schwarzen Olympia-Star Jesse Owens, der nach seinen vier Siegen bei den Olympischen Spielen in Berlin beim Kölner ASV-Sportfest in Müngersdorf antrat.

Vater Hans Süper in Wehrmachtsuniform mit seinen Söhnen Hans und Paul

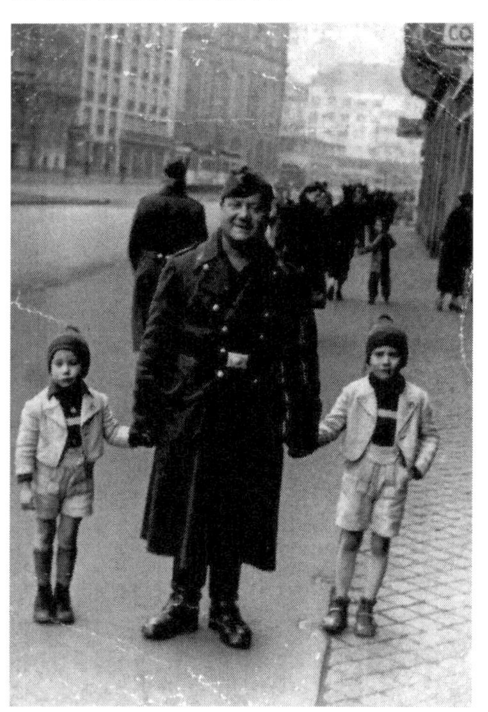

Hans Süper lebte nur wenige Jahre im Griechenmarktviertel. Erinnerungen an diese Zeit leben in Liedern oder Erzählungen weiter. Er selbst war noch zu klein, um vieles bewusst zu erleben. Legendär sind die Straßenkämpfe der Kinderbanden im Viertel: „Griechenmarkt jäje de Ahl Muur. Da

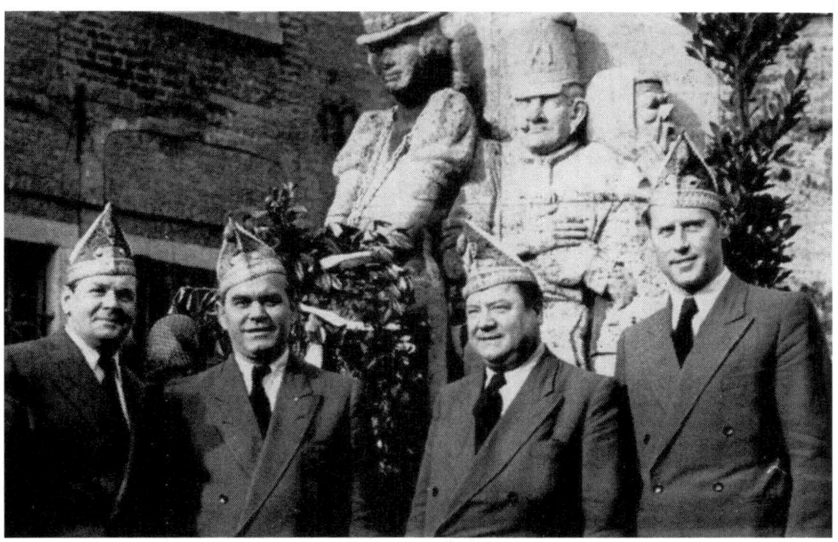

Die Vier Botze 1937: Richard Engel, Hans Philipp Herrig, Hans Süper und Ferdinand Vossenberg (v.l.)

han se sich zerschlage un met Stein beworfe", berichtet er. Als sich dann irgendwann Kleiner und Großer Griechenmarkt verbündet hatten, „wore mer endlich stärker als die Ahl Muur". Er habe einmal „ne Kreech metjemaht, ävver der wor für mich schnell am Eng. Ich kräht ne Stein aan de Kopp un loch dann do. Ich han nix mih metjekräje. Dabei wollt ich doch nur ens luure." Der Krieg als Kinderspiel.

Im Herbst 1939 wurde der Krieg blutiger Ernst. Nun änderte sich das Alltagsleben auch für den Teil der Kölner Bevölkerung, der in den vergangenen Jahren nicht von den Verfolgungen durch die Nationalsozialisten betroffen gewesen war. Hans Süpers Vater zog freiwillig in den Krieg. Er wollte genau wie die anderen „Botze" in die Abteilung der Wehrmacht gelangen, die für die musikalische Truppenbetreuung zuständig war. Für Süper, Herrig und Engel ging die Strategie auf. Jakob Ernst wurde von der Gruppe getrennt. Die drei anderen reisten während des Krieges mit Stimmungsliedern und Parodien durch ganz Deutschland. Sogar bis nach Norwegen und Paris wurden die Kölner Spezialisten für Ablenkung und Zerstreuung geschickt. Heinz Koll hat in seiner Arbeit eine Seite aus einem erhaltenen Kameradschaftsbuch zitiert, das die drei führten. Ein Leutnant schrieb: „Bist du vergrämt, findest alles zum Kot-

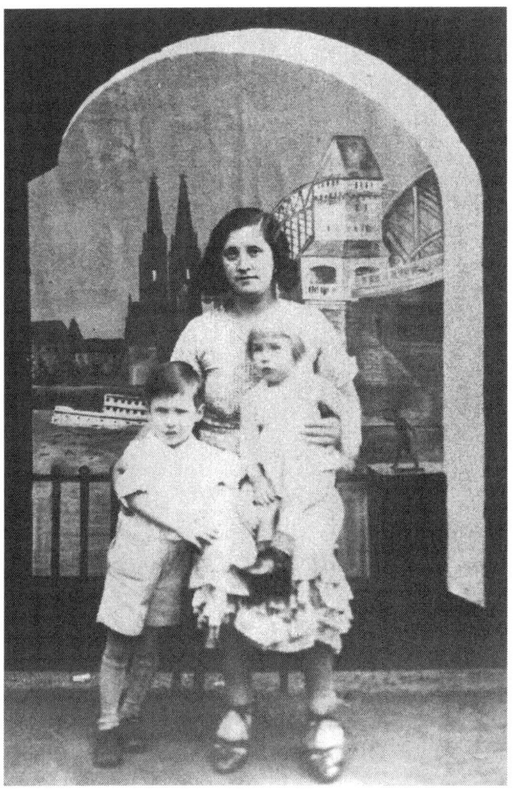

Lina Süper mit ihren Söhnen vor einer Fotografenkulisse

zen, hast die Schnauze voll, weißt nicht mehr weiter, dann geh zu den Vier Botzen. Und das Leben ist wieder heiter."

Während die drei Botze für die Soldaten spielten, fielen Tausende Fliegerbomben auf Köln. Im Mai 1940 gab es die ersten Angriffe britischer Flugzeuge auf die Domstadt, schon bald die ersten Opfer durch einen Luftangriff. Die Kölner lebten ständig mit der Angst. Um die Kinder in Sicherheit zu bringen, entschieden sich die Süpers, Paul und Hans an der Kinderlandverschickung der Nationalsozialistischen Volkswohlfahrt (NSV) teilnehmen zu lassen. Die Brüder wurden bei einem Schreiner und seiner Frau in Reckingen, einem Ort nahe der schweizerischen Grenze zwischen Freiburg und dem Bodensee, untergebracht. Dort begann für Hans Süper mit der Einschulung auch das wenig rühmliche Kapitel seiner Schullaufbahn. „Janz stramme Nazis, immer met Parteiabzeichen ungerwähs" seien die kinderlosen Eheleute gewesen, erinnern sich beide Brüder. Sie seien schnell mit Hausarrest bestraft worden, wenn mal was anders lief, als die Pflegeeltern sich das vorstellten. Auch hätten diese nie die Päckchen weitergegeben, die Vater Süper seinen Söhnen schickte. Die Pakete des Vaters seien einfach weiter zu den Soldaten an der Front geschickt worden. „Da sollten Nazis gezüchtet werden", beschreibt Hans Süper die Vorgabe der NSV, der die Pflegeeltern Folge leisteten. Die Brüder hatten Heimweh. „Mer wollte weg vun dr Hitler-Familich."

An die genauen Umstände, wie dieser Lebensabschnitt zu Ende ging, können sich beide nicht mehr recht erinnern. In jedem Fall habe sie die Mutter irgendwann abgeholt, nachdem sie rund zwei Jahre dort gewesen seien. Die vaterlose Familie zog nach Sachsen. In den Kölner Bombenhagel, in dem schon die Großmutter mütterlicherseits ums Leben gekommen war, wollten sie nicht zurück. Lina Süper und ihren Söhnen war eine Wohnung in Gunnersdorf bei Hainichen, einem Ort auf halber Strecke zwischen Chemnitz und Dresden, zugewiesen worden. Wie die Mutter die Kinder ernährte, wissen Paul und Hans nicht so genau. Ab und zu habe sie mal auf einem Bauernhof geholfen.

Das Leben im fernen Sachsen war nicht einfach, allein schon wegen der sprachlichen Probleme. Hans Süper erzählt von der Begegnung seiner Mutter mit einer Nachbarin: „Da kütt de Frau Krummbüchel un säht: ‚Frau Sieper!' – die kunnt nit Süper sage – ‚Das geht so nicht weiter. Sie schmeißen immer die Asche auf den Misthaufen. Die Asche gehört ins Ascheloch.' Da säht mi Mutter: ‚Wat es denn met dir loss? Soll ich mir de Äsch in et Arschloch däue?'" Wenn die Geschichte wahr ist, kann man sich vorstellen, wie ebenjene Lina Süper gegen Ende des Krieges vor den dortigen Bürgermeister getreten ist, um zu verhindern, dass ihre Söhne noch mit einer Panzerfaust auf der Schulter für den Endsieg verheizt wurden. „De Mutter hät däm einfach dat Telefon op de Kopp jehaue. Dachsdrop wor dr Kreech am Eng. Da hatte mer Jlöck jehat", erinnerte sich der im Januar 2014 verstorbene Paul im Gespräch für dieses Buch. Ein paar Tage später sei der Bürgermeister dann zusammen mit dem Ortsgruppenleiter aufgehängt worden. „Da han mer als Pänz zujeluurt." Paul berichtete auch, dass sie immer wieder mal „drangsaliert" worden seien, weil ihre Mutter sie nicht in die Hitlerjugend geschickt hatte.

Die Truppen der Amerikaner und der Russen hatten sich am 25. April 1945 an der Elbe getroffen. Da die Alliierten die Besatzungszonen bereits vorher festgelegt hatten, war klar, dass Sachsen zum Herrschaftsgebiet der Roten Armee gehören würde. „Mer wollte weg do, mi Mutter wollt zeröck noh Kölle." Das wenige Hab und Gut wurde in einen Leiterwagen gepackt und der lange Weg in die zerstörte Heimat angetreten – zu Fuß. Sieben bis acht Wochen seien sie unterwegs gewesen. 30 Kilometer pro Tag. Hans' Füße seien völlig vereitert gewesen, so Paul. Jemand habe ihnen aus einem Gummireifen Sandalen gemacht. Weil er so „jot un nett" aussah, musste der blonde Hans betteln. Soldaten verschenkten Schokolade, Bauern gaben Wurst und Eier. So konnten sie sich auf dem langen Heimweg ernähren.

Vom Porzer Rheinufer aus sahen sie dann zum ersten Mal nach dem

Krieg die Domtürme wieder. Aber die Freude über das Erreichen der Heimatstadt wich einem Schock: „Dat kann mer jar nit beschrieve. Et wor alles kapott, nur dr Dom stundt do. Du kunnts op ne Müllemmer klettere un üvver janz Kölle luure", erinnerte sich der damals zwölfjährige Paul. Beim jüngeren Hans hat sich ein anderes Bild eingeprägt: „Der eetste Wäch wor an et Wasser, die Bröck hing im Rhein un jede Menge Fische schwammen dud im Wasser." Und noch etwas wurde dem kleinen Hans damals schon klar: „Dat es mi Heimat he. Ich hatt dat Jeföhl: He ben ich ze Hus."

In das alte Haus im Griechenmarktviertel konnte die Familie nicht zurück. Alles lag in Schutt und Asche. Sie bekamen eine Wohnung im Hinterhaus der Luxemburger Straße 216 zugeteilt. Das Haus war stark beschädigt, es regnete rein, die Fenster waren mit Papier abgeklebt. Bis Vater Süper aus der amerikanischen Gefangenschaft zurückkam, schlug sich Lina zusammen mit der Frau von Richard Engel mit Maggeleien auf dem Schwarzmarkt durch. „Mi Mutter wor schon stark", sagt Hans liebevoll. „Dat Danze Lina hät vill jedon, um uns am Levve ze halde", meinte auch Paul voller Respekt für eine starke Frau. Als der Vater aus der Gefangenschaft zurückkam, war das für die Süpers – wie für die meisten Familien in ähnlicher Lage – nicht einfach. „Ich hatt richtig en Angstjeföhl, mi Vater widderzesinn, nach su langer Zick", erinnert sich Hans. Auch der Umgang mit dem Erlebten war typisch: „Üvver dr Kreech woodt nit jesproche. Die Eldere han nix verzallt un mer han nit jefragt. Jeder wollt neu aanfange. Met däm Kreech wollt keiner mih jet ze dun han."

Der Zufall wollte es, dass auch Hans Philipp Herrig im Hinterhaus an der Luxemburger Straße unterkommen sollte. Und so entstand in Sülz die neue kreative und organisatorische Zentrale der Vier Botze. Der Neustart war schwer. Zu verdienen gab es nichts, die Gagen – wenn es denn welche gab – wurden in Naturalien wie Obst oder Eiern ausgezahlt. Doch die vier hielten durch, probten täglich in den Wohnungen von Herrig und Süper. Sie schrieben gemeinsam neue Lieder und texteten Parodien auf bekannte Melodien. Herrig hatte die Kriegsgefangenschaft nutzen können, sich neue Kenntnisse in Sachen Arrangements und Komposition anzueignen. Die vier erarbeiteten sich ein Repertoire, das sowohl von kölschen wie auch von hochdeutschen Texten lebte. Um den Erfolg jenseits der Stadtgrenzen zu erleichtern, gab man sich den Zweitnamen „Colonia Quartett". Dass ein Sohn der Botze einmal mit ähnlichem Namen, nämlich als Teil des „Colonia Duetts“, zur erfolgreichsten Nummer im rheinischen Karneval werden würde, ahnte damals noch keiner. Der VW-Käfer von Jakob Ernst wurde zum ersten „Tourbus“, die Instrumente wurden einfach aufs Dach geschnallt.

Als 1949 der erste Rosenmontagszug nach dem Krieg durch die Trümmer zog, waren die Vier Botze wieder da angekommen, wo sie vor 1939 gestanden hatten. Ihre Bedeutung für Köln kann gar nicht hoch genug eingeschätzt werden. Im Rosenmontagszug wurde ihnen sogar jedes Jahr ein eigener Wagen gewidmet, der immer einen Titel der Gruppe zum Thema hatte. 1949 war es die Parodie auf den bekannten Schlager vom Dattelbaum, der angeblich am Chimborazo steht. Die Vier Botze hatten daraus gemacht: „Am krumme Büchel steiht ne ahle Prummebaum“. 1950 ging es um die „Kayjass Nummer Null“, jenes traditionelle Liedchen, aus dem Süper und Herrig mit ein paar Änderungen und Kürzungen sowie einer neuen dritten Strophe einen kölschen Riesenhit für alle Zeiten geschaffen haben. Außerhalb des Karnevals gingen die Vier Botze mit Schlagerpotpourris und Couplets bundesweit auf Tourneen. Sie spielten mit den Stars jener Zeit, von Marika Rökk bis Rudi Schuricke, und musizierten im Ostberliner Friedrichstadtpalast genau so wie im Düsseldorfer Karneval.

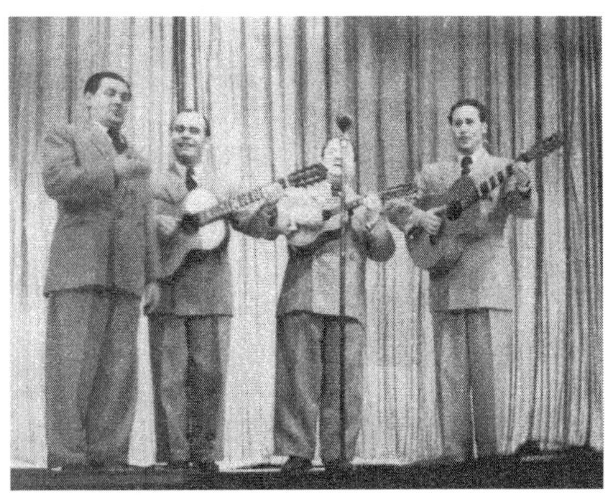

Weite Hosen als Markenzeichen: Richard Engel, Hans Philipp Herrig, Hans Süper und Jakob Ernst

Das Musikerleben des Vaters sowie die Berufstätigkeit der Mutter blieben nicht ohne Auswirkungen für die Kinder. Autor und Ex-Hänneschen-Chef Gérard Schmidt formulierte es 1991 in seiner biografischen Sammlung „Kölsche Stars“ positiv: Süper setzte das große Maß an Freiheit, das sich durch die Umstände zu Hause ergab, „in Lebenskunst um“. Als die Zeit der Not vorbei war, „boten sich immer wieder Möglichkeiten, durch verschiedene Arbeiten eine Lebensgrundlage zu finden, ohne dass sie gleich zur ständigen Fessel wurde". Hans Süper selbst sieht das nicht so. Wenn er zum Beispiel über seine gescheiterte Schullaufbahn spricht, geht es vor allem um verpasste Möglichkeiten. Nach der langen Pause durch die Evakuierung nach Sachsen meldete man ihn 1945 in der Volksschule am Manderscheider Platz an. Doch erfolgreich war er dort nicht unbedingt. „Wöre mi Eltern hinger mir her jewäse un hätte sich jet jekümmert, hätt wat us mir weede künne", resümiert er das unrühmliche Kapitel heute. So seien die Schule und er immer Feinde geblieben. Zeitweise ging er gar nicht mehr zum Unterricht und schwänzte so lange, bis es auffiel. In der Zeit spielte er in den Trümmern der Stadt oder am Bombentrichter im Volksgarten, ging am Wasserschlösschen Weißhaus gleich gegenüber von seinem Elternhaus an der Luxemburger Straße angeln, im Kanal neben dem Zoo schwimmen und mit seinem Bruder Kohle und Eisen klauen. Manches Mal habe sie die Polizei mitgenommen, sagte Paul. Aber das sei nie wirklich schlimm gewesen. „Do musste mi Vater uns dann avholle. Dat es e paarmol passeet, weil ich immer su ne Dress jemaht han", berichtet Hans Süper. Ärger habe es keinen geben. Sein Vater habe beim Betreten der Polizeiwache immer nur gefragt: „Es er dud?"

So brav war er nicht immer: Hans Süper mit 13 Jahren

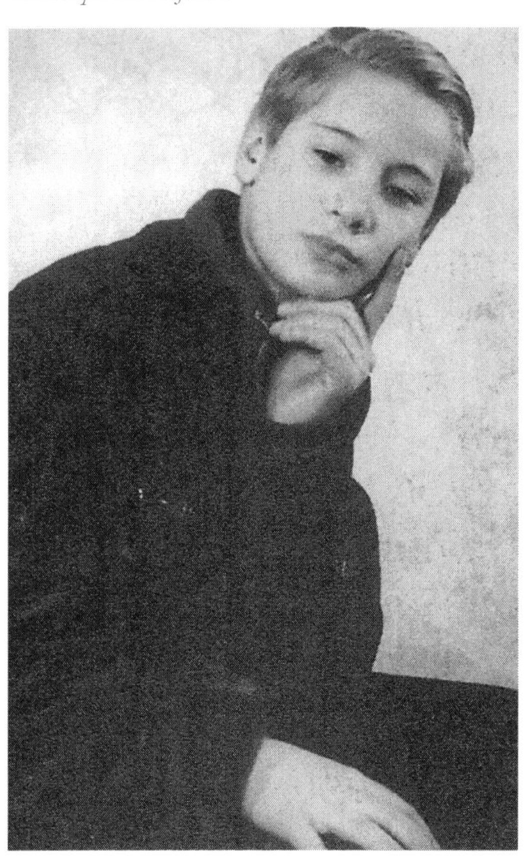

Ein bisschen leichtsinnig sei er gewesen und mit Vorschriften nahm man es nicht so genau. So balancierte Hans als kleiner Junge auf den Dachbalken zerbombter Häuser und machte Kopfstände auf fremden Balkonen. „Unge han de Lück jestande un jestaunt. Ich wollt immer jet maache, wat nit jeder mäht.“ Als Kind sprang er von Brücken und als Jugendlicher fuhr er dann mit dem Fahrrad vom Zehnmeterbrett im Müngersdorfer Stadion – „Schauspringen“ habe man das genannt. „Mer woren immer e bessje jeck. Mer han zwar keiner ahl Frau de Handtäsch avjenomme, ävver mer wore e bessje beklopp op unsere Aat.“ Einmal habe er im Sommer einen Arm in Gips gehabt. „14 Wochen Hitze – dat jing natürlich nit. Da ben ich met däm Jips en et Wasser jejange. Un vürre han ich mir e Stück vun dem Jips avjeschnigge, domet ich wenigstens e bessje Banjo spille kunnt.“ Im Stadtwald wurde er einmal beim „Schwazzfische“ erwischt. „Och, dat musste der Vatter rejele. Dä hät en Strof bezahlt un ich woodt en den Verein opjenomme, domet ich wigger angele dorf.“ Es überrascht nicht, dass seine Schulkarriere im sechsten Schuljahr nach einigen Wiederholungen ohne Abschluss endete. „Ich wor der Eetste, dä op däm Schullhof rauche dorf. Da kann man drüber lachen, ävver traurig es et trotzdem.“ Die abgebrochene Schule ließ ihm nicht viele Möglichkeiten offen. Eine Lehre stand nicht zur Debatte. So fing er an zu arbeiten. „Met 15 han ich aanjefange, met allem Mögliche Jeld ze maache.“ Die Liste der Jobs, die Hans Süper in seinem Leben gemacht hat, ist sehr lang. Schon als Junge habe er Nachbarn und Geschäftsleute gefragt, ob er für sie Schneeschippen könnte. „Ich han immer versök, an ander Lück Jeld ze kumme.“ Heute ist er stolz darauf, viel gearbeitet zu haben, obwohl er nichts gelernt hat.

Wie es bei Familie Süper zu Hause zuging, möchte der Sohn auch vier Jahrzehnte nach dem Tod seiner Eltern nicht erzählen. Lina starb bereits 1970, Vater Hans im Jahr darauf. Beide waren erst Mitte sechzig. Bei seinen Soloauftritten erzählt Hans Süper, dass seine Eltern „aan für sich räch löstich“ waren. „Die waren oft besoffen, ävver dat kann mer jo verstonn.“ Da habe gelegentlich die „Fessdachsbeleuchtung“ gebrannt. Natürlich gibt es in jeder Ehe auch mal Ärger, sagt er. Auch bei ihnen zu Hause sei es schon mal richtig rundgegangen. Das ist seine klassische Anmoderation zu dem wunderbaren, kleinen Liedchen „Wenn bei uns de Döppe klinge“ – eine Geschichte über einen handfesten Ehekrach, an dessen Ende der Kanarienvogel tot auf der Straße liegt. Das Lied hat Vater Süper geschrieben. Wie viel Wahrheit in dem Text steckt, verrät der Sohn nicht. „Ich kann nur eins sagen: Mi Mutter hät für uns jesorgt. Mer han in dr Mangelzick Schinken und Aale jejesse un immer Botter op däm Desch jehat. Der Rest ist Privatsache.“

Paul Süper glaubte, dass sein Bruder es noch schwerer hatte als er.

Paul sei das Mamasöhnchen gewesen, Hans war Papas Liebling. „Da gab es immer Reibereien." Ähnlich sieht es Tommy Engel, dessen Familie eng mit den Süpers verbunden war. „Vielleicht reibt man sich vor allem dann ganz besonders, wenn man so nah beieinander ist." So blieb Hans verwehrt, was Paul später einmal in einer Kneipe an der Hohe Pforte erlebte: Einmal gemeinsam mit dem Vater auf einer Bühne stehen und zusammen spielen. „Mer kunnte nit zesamme spille, niemols", sagt Hans. Und dennoch ist es kaum vorstellbar, dass Hans Süper ohne seinen Vater der Bühnenstar geworden wäre, der er ist. Das Talent habe schon in seiner Wiege gelegen, weil er der Sohn eines Vollblutmusikers gewesen sei, meint Tommy Engel. Und trotzdem sagt Süper: „Mi Vatter kunnt mir nix beibringe." Ob sein Vater irgendwann mal stolz auf ihn war, weiß er nicht. Gesagt hat er es ihm jedenfalls nie. Auf die Frage, ob sein Vater ein Vorbild war, kommt eine fast verbitterte Antwort: Sein Lehrmeister sei er vor allem dann gewesen, „als er nix mih hatte". Der Vater habe nicht mit Geld umgehen können und nicht fürs Alter oder für Krisenzeiten vorgesorgt. Am Abend habe er das Geld in der Kneipe ausgegeben, das er erst am nächsten Tag verdienen würde, sagt der Sohn. Von seiner Mutter habe er hingegen gelernt, „dat mer immer jet op Sick läje muss".

Die Erfahrungen haben aus Hans Süper einen sparsamen Mann gemacht, der Schulden hasst und immer vermieden hat. Wenn er Geld verdient hatte, wurde es auf einzelne Häufchen gelegt, erzählt er: eins für die Miete, eins für Möbel, eins für den Urlaub. Und erst wenn genug zusammen war, wurde es für den vorbestimmten Zweck ausgegeben. Als er sich mal „beim Siedler" in Porz ein Motorrad gekauft habe, sollte er das monatlich mit 100 Mark abbezahlen. „Ich wor schneller." In zwei Monaten sei die Schuld getilgt gewesen. „Einmol han ich mir beim ABC-Kredit 250 Mark jeliehnt. Ich weiß nit mih, wofür. In jedem Fall hat ich och dat schnell avbezahlt. So schnell, dat die mir noch heute dankbar schreiben. Solche Kunden brauchen die."

Aber es gibt auch viele gute Erinnerungen an zu Hause, zum Beispiel an Weihnachten. Süper gerät ins Schwärmen, wenn er davon erzählt, wie sie am Heiligen Abend gemeinsam im Hinterhof für die Nachbarn musiziert haben. Der Vater mit der Geige, der Bruder mit dem Quetschebüggel und er selbst mit der Flitsch spielten dann alte deutsche und amerikanische Weihnachtslieder. „Dat wor fröher schöner", Bescherung war nachts um 3 Uhr, „su wie de ahle Kölsche dat mahte". Vorher spinksten die Kinder durchs Schlüsselloch, um zu sehen, was im geschmückten Wohnzimmer passierte. „Wenn der Baum stundt, wore mi Eldere besoffe. Morjens han mer die dann unger dr Ärm jenomme und sin in den Dom in die Christmette jejange. Zur Not met der Sackkarre."

Und Hans Süper berichtet gerne vom wahrscheinlich wichtigsten Geschenk, das ihm sein Vater je gemacht hat: Aus der Kriegsgefangenschaft hatte er ihm eine aus einer Apfelsinenkiste gebastelte Mandriola mitgebracht. Ein zweites mitgebrachtes Instrument, eine echte Gibson, musste die Familie auf dem Schwarzmarkt verkaufen: „Die woodt umjesatz in Schinken un Kaffee. Mer hatte Hunger, mer moote jet dun." Auf der Mandriola aber konnte der kleine Hans die ersten Töne üben. „Ich han jemerkt, dat immer ne andere Ton erus kütt, wenn de woanders drop dröcks." Noten konnte er keine lesen, er habe sich das alles „so zusammengefummelt". Leider hielt die Madriola nicht lange. Ausgerechnet bei der Kinderkommunion, die beide Brüder zusammen zu Hause im ausgeräumten Schlafzimmer feierten – „un froch nit wie" –, setzte sich ein Gast auf das Instrument. „Do wor dr Hals avjebroche, bevor ich irjendwat richtig spille kunnt."

Vater Süper hatte großes Interesse daran, dass sein Sohn Hans Musik machte. Neben der Mandriola sollte er auch sein zweites Instrument, die Geige, erlernen. Dass der Vater seinen Sohn selbst unterrichtete, schien jedoch ausgeschlossen. Es fehlte an Zeit und Ruhe, vor allem aber an einem entspannten Verhältnis zwischen den beiden. Also sollte ein Mitglied des Opernorchesters den Unterricht übernehmen. „Dä hät ze mi Vatter jesaht: Dein Sohn ist so begabt. Der hat das absolute Gehör, den unterrichte ich kostenlos." Allerdings habe der Bratschist eine unannehmbare Bedingung gestellt: „Ich sollt die Mandoline nie mih anrühre." Mandriola und Mandoline würden den Fingersatz für die Geige kaputt machen. „Da han ich die Violine em Keller versteck un dr Unterricht jeschwänzt." Hier half ihm die Nachlässigkeit der Eltern. Die eigenmächtige Entscheidung löste keinerlei Erziehungsmaßnahmen aus. „Da hät sich keiner dröm jekümmert. Die hatte ander Sorje." Und so spielte Hans Süper weiter Mandoline. Die Geige blieb rund 40 Jahre im Keller in der Luxemburger Straße versteckt – bis zu seiner großen Verabschiedungsgala 2001 im Gürzenich. Da schenkte Süper das alte, vergessene Stück dem Kölner Straßenmusikanten „Klaus der Geiger".

Mit der Flitsch ins Tanzlokal

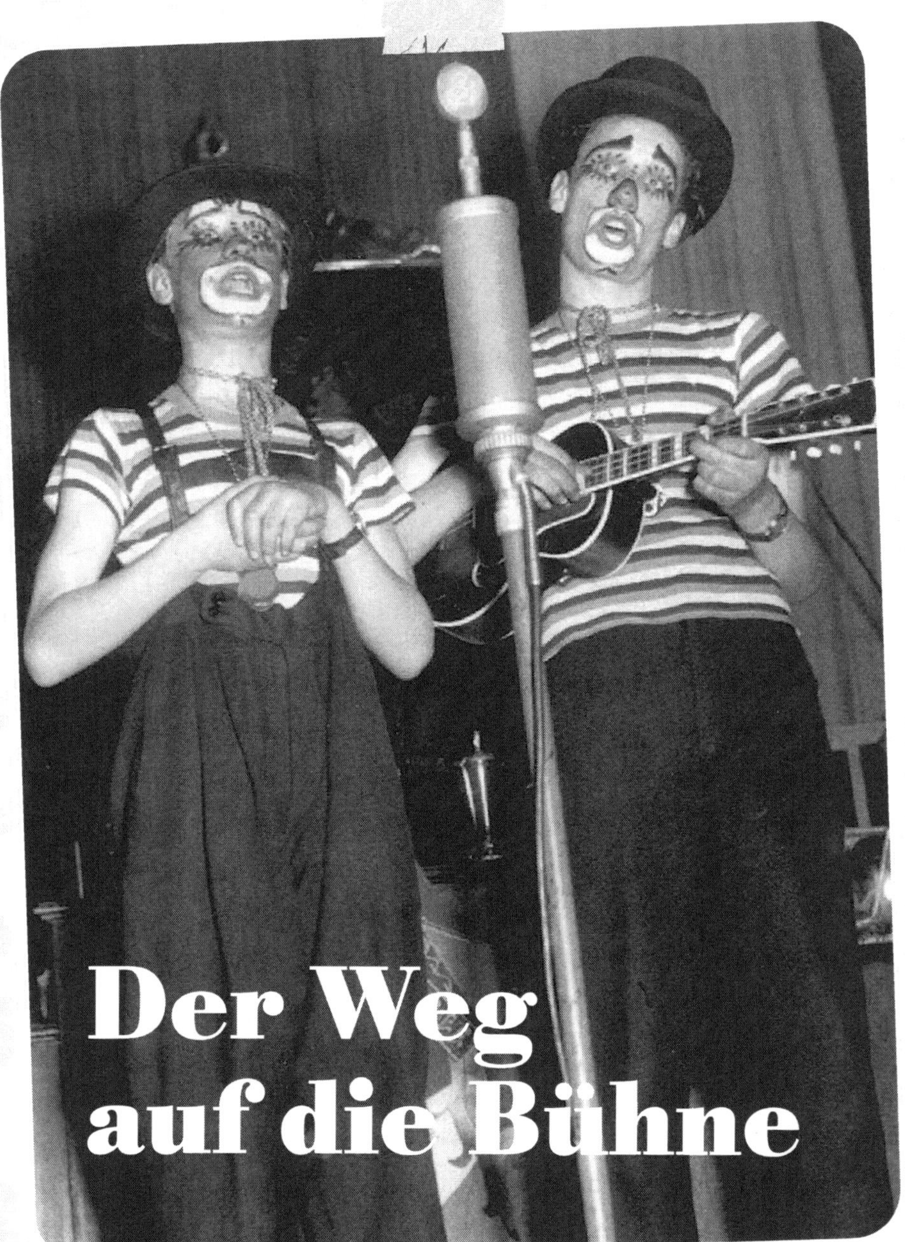

Der Weg auf die Bühne

> *„DAT JEHEIMNIS DES ERFOLGS IS: Instudiere nütz nix. Do muss op die Bühn, dann weiß de Bescheid. Su ne Nummer muss sich entwickeln. Man muss beweglich sein. Do fuscht sich mit der Zeit immer mehr rein. Wenn dat Publikum lacht, lässt de de Wetz drin. Wenn et nix ist, kannste dran arbeiten. Die Nummer reift, die Pointen bleiben, ävver dat dozwischen entwickelt sich. Un nach Karneval setz die Nummer dann richtig."*

Das Bild vom Nachkriegskarneval ist geprägt von den ersten Fernsehbildern aus den Sitzungssälen: Ein steifes, spießiges Publikum verfolgt ein angepasstes, meist hochdeutsches Programm ohne Ecken und Kanten. Doch das ist nicht der Karneval, den man feierte, wenn (noch) keine Kamera mitlief. Der Karneval der 1950er-Jahre ist kölsch, manchmal derbe, oft respektlos, häufig fein und leise. Vieles ist über die Jahre verloren gegangen, spätestens mit dem Einzug der Popmusik auf die Bühnen. Eine Gruppe wie die Vier Botze hätte es heute ausgesprochen schwer, sich Gehör zu verschaffen. Alte Aufnahmen belegen, wie aufmerksam das Publikum damals war. Es fehlen zwar bewegte Bilder, aber man kann sich die Szenen vorstellen, wenn man alte Bänder hört. Zum Beispiel die, die Ex-Karnevalsprinz und Hobbyarchivar Wicky Junggeburth in unermüdlicher Kleinarbeit digitalisiert hat. Nach der Ankündigung des Präsidenten und ein paar Takten der Kapelle zum Einmarsch herrschte oft einfach nur Stille. Typen wie Edi Offergeld und Harald Ertl, die unter dem Namen Zwei Drügge staubtrockene Vorträge hielten und dabei keine Miene verzogen, inszenierten sich nicht zuletzt über Pausen – eine hohe Kunst, die auch Hans Süper und seine Duettpartner bis zur Perfektion beherrschten.

Auch ein Auftritt der Vier Botze aus dem Jahre 1952 im Williamsbau, dem Ersatz-Gürzenich, ist durchaus typisch für die Nachkriegszeit in Köln: Sieben Jahre nach dem Ende des Tausendjährigen Reiches sagte Richard Engel auf der Bühne den Satz: „Sie hören jetzt den tausendjährigen Marsch." Dann sangen die Vier Botze ein paarmal die Liedzeile „Mer woren all en dr Pitei" und anschließend „Mi Vatter wor en dr Pitei, ming Mam wor en dr Pitei, mi Schwester wor en dr Pitei un ich selvs wor en dr

Pitei". Es folgte eine Pause. Die Anspannung im Saal kann man noch heute beim Hören der alten Aufnahme spüren. In dieser Pause zog sich Engel mit einem Kamm einen Hitler-Scheitel, dann klemmte er sich den Kamm unter die Nase. Das Publikum, das bis dahin mucksmäuschenstill – und wohlmöglich auch geschockt – war, fing an zu toben. Die Kapelle blies nach kurzem Zögern diverse Tuschs in den Saal, der sich nur langsam wieder beruhigte. Und die Vier Botze machten weiter, als sei nichts gewesen: „Jetz simmer widder en dr Pitei, en dr Pitei, en dr Pitei. Mi Vatter en dr SPD, ming Mam en de NSU, mi Schwester en dr KPD un ich selvs en dr CDU. Jetz simmer widder en dr Pitei." Mit wenigen Sätzen entlarvten die vier Karnevalisten herrlich politisch unkorrekt den Opportunismus der deutschen Nachkriegszeit. Ein unglaubliches Zeitdokument, welches auch deutlich macht, welche Position die Vier Botze in Köln hatten. Denn einen solchen Auftritt hätte sich damals wohl nicht jeder erlauben dürfen.

Hans Süper sagt im Rückblick, es sei damals leicht gewesen, in den Karneval hineinzukommen. „Die Leute waren schnell begeistert, die hatte jo nix. Da koms de met nem Futz op de Bühn. Die Leute waren noch nicht so verwöhnt wie heute. Hück muss de op dr Bühn schweben künne, domet de wat Besonderes bes." Da mag etwas Wahres dran sein. Doch nicht wenige der Bühnenstars der Nachkriegszeit waren wirklich außergewöhnlich gute Künstler. Einen großen, vollen Saal mit nur einem Mikrofon zu unterhalten, das Publikum in den Bann zu ziehen und die Spannung zu halten, bleibt eine großartige Leistung. Das konnten die Vier Botze, und das konnten auch die Söhne der Botz Hans Süper. Als Zwei Schnürreme zählten sie schon in ihrer zweiten Session zu den beliebtesten Nummern des Kölner Karnevals. Dies kann man auch an den Gagen ablesen: Der 17-jährige Paul und der 14-jährige Hans bekamen außerhalb Kölns mehr Geld als ein etablierter Altstar wie Jupp Schmitz in den großen Sälen der Stadt. „Mer han für ne Auftritt en Wuppertal 120 Mark bekumme. Weiß de, wie vill dat wor?", sagt Hans Süper. „So aktuell wore mer. Mer wore en jroße Nummer. Als mer 20 Johr später met däm Colonia Duett aanjefange han, jov et 70 Mark."

Der Vater habe sie irgendwann vor die Küchentür gestellt und gesagt: „Singt ens jet", erinnerte sich Paul. So habe das Projekt Zwei Schnürreme begonnen. „Mi Vatter hät fassjestallt, dat ich e bessje musikalisch wor. Un weil ich immer löstich wor, entstand die Idee, so ein Duett ze maache", sagt Hans. Der Vater schickte seine Söhne also in den Karneval. „Dä hät jedaach, dat dat wat weede kunnt. Un mer hatte Loss, waren Feuer un Flamme", berichtete Paul. Vater Süper tippte in großer Schrift die Liedtexte auf DIN-A4-Blätter, klebte sie auf Pappkarton und hängte sie in der Wohnung an Haken, sodass seine Söhne die Texte im Vorbeigehen auswendig lernen konnten. Er probte mit seinen Jungs und brachte Hans die Art zu sprechen bei, die später so typisch für das Colonia Duett und das Süper Duett werden sollte. Paul nannte das „klein sprechen", wenn Hans – damals noch vor dem Stimmbruch – die Stimme hochschraubt, leicht krächzend, fast nervig bohrend. „Dat wor schon e bessje wie dat Colonia Duett", sagt Hans Süper. „Ich wor de klein Sau, dr Broder wor dr Drügge. Dat wor dat Erfolgskonzept."

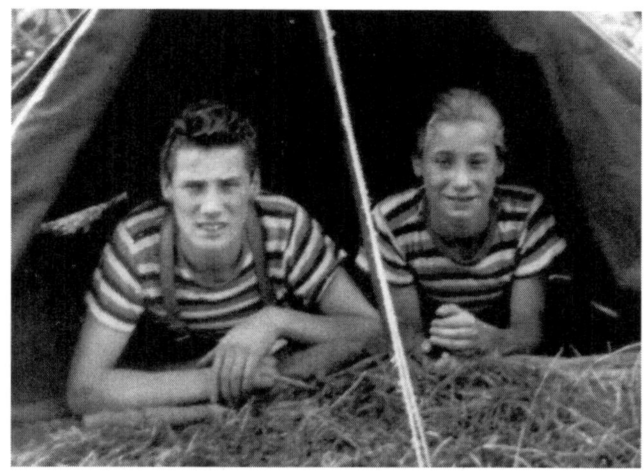

Paul und Hans Süper im Zelturlaub, um 1950

„Mer han uns kapottjelaach", erinnert sich Grete Zimmermann, die Schwester von Süpers späterem Partner im Colonia Duett, Hans Zimmermann, an einen Auftritt der Zwei Schnürreme in den Sülzburglichtspielen. Kinos waren in der Nachkriegszeit ein beliebter Veranstaltungsort für die Karnevalssitzungen der Veedelsvereine. Staunend habe sie mit ihrem Bruder, mit dem zusammen sie zuvor selbst aufgetreten war, vor der Bühne gestanden und sich von dem fünf Jahre jüngeren Hans unterhalten lassen. „Wie soll ich das erklären? Der war einfach komisch. Der ist als Komiker geboren." Im Zusammenspiel mit dem längeren und ruhigeren Bruder wirkte das umso stärker. Schon der Einstieg war typisch: Zunächst wurde erst mal nichts gesagt, „gefühlte zwei Minuten lang", meint Hans Süper. So entstand Spannung im Saal. Dann habe der eine gefragt: „Häs de jet jesaht?" Antwort: „Nä." „Dann han ich ja jot jehoot." Die Spannung entlud sich nach zweieinhalb Sätzen in Gelächter und Applaus.

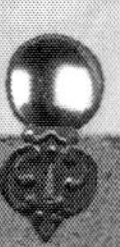

-1-

Och hätte mer dat doch gewoß !

Ein Couplé - Lied von Gebr. Süper.

1. Mer zwei, mer han uns schwer verlaufe
Mer hatte för, uns jet ze kaufe
Un weil mer zwei jetz grad he stonn
künne mer nit mieh laufe gonn.
Beihau: Och hätte mer dat doch gewoß

2. Mer sinn ens ahn der Ring gegange
Mer wollten uns e Feschge fange,
Stunnten stundelang en Rähn un Sturm
Denn mer hatten ahn der Angel keine Wurm
Beihau: Och hätte mer dat doch gewoß

3. En ener kölsche Weetschaff han mer ens gesesse
Mer wollte gähn e half Hähnche esse.
Dä Köbes kom, mer woote wies
Et goof e Rög - gel -sche met Kies
Beihau: Och hätte mer dat doch gewoß

4. Mer sin nohm Kaufhof hingelaufe
Un däten uns ne Strühhot kaufe,
Un wie mer stunten ahn der Bahn,
Do fing et ahn zo schneien ahn.
Beihau: Och hätten mer dat doch gewoß.

5. Mer Zwei och ens e Mädche hatte
Dat wor nor 15 Pund em Schatte,

Auswendiglernen im Vorbeigehen:
Vater Süper hing seinen Söhnen die Liedtexte im Türrahmen auf

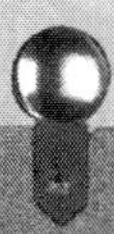

Och hätte merdat doch gewoß

— 2. -

Dat Mädche heeß Kathrienche Schmalz
Jetz krigge mer et nit mieh vum Hals.
Beihau: Och hätte mer dat doch gewoß.

6. Om Namensdag, do sin mer eren gerode
Mer oße leckere Hasebrode.
Mer woore satt, uns wood et flau
Do reef der ganze Desch Miau
Beihau: Och hätte mer dat doch gewoß

7. Nohm Kinnema woote mer och ens engelade
Do sooß e Mädche en der Bütt un wor am bade
Un wie dat Mädche op wollt stonn
Do ress der Film - - - un mer moote gonn.
Beihau: Och hätte mer dat doch gewoß

8. Mer kome och ens spät no Hus
Do woren alle Lampe us.
Mem Knöppel der Vatter hinger der Dür,
Do ging et vun hinger un vun für.
Beihau: Och hätte mer dat doch gewoß.

Ein Livemitschnitt des Liedes aus den 1950er-Jahren ist über den QR-Code zu hören

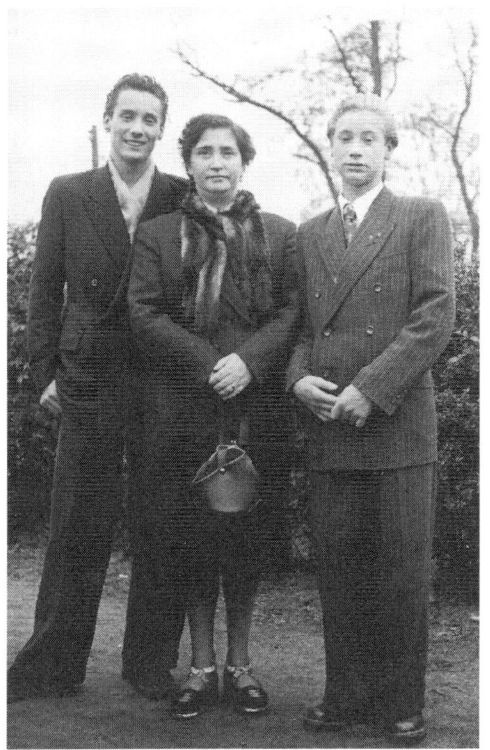

Fein gemacht: Mutter Lina mit Paul und Hans

Die Zwei Schnürremen waren ein Familienprojekt: Vater Süper schrieb die Lieder, Mutter Süper begleitete die Söhne zu den Auftritten, um auf die beiden aufzupassen. Auch wenn die beiden überwiegend gesungen haben, hatte Paul sich ein paar Griffe auf der Mandoline beibringen lassen, sodass Hans nicht selbst spielen musste. „Su hatt ich e bessje Platz, um Blödsinn ze maache. Mer wore in", erklärt Hans Süper. Genau wie später beim Colonia oder Süper Duett spielte er auf der Bühne keine Rolle, sondern vor allem sich selbst. Eine Type musste für ihn nicht erfunden werden, denn er war selbst eine, auch abseits der Auftritte. Und so verschwammen damals schon die Grenzen zwischen Privatleben und dem, was auf der Bühne passierte. Selbsterlebtes war immer die beste Vorlage für eine gute Pointe. So erinnert er sich an den Dauerkonflikt mit seinem Bruder, weil der ihm immer Hemden, Jacken und sogar Strümpfe aus dem Schrank klaute, um sie selbst zu tragen. Einmal habe er ihn in der Küche zwingen wollen, die Strümpfe wieder auszuziehen. „Un weil dä de Strümp nit ustrecke wollt, han ich däm eine jeknallt. Am Ovend stund dä met nem blaue Auge op dr Bühn. Da han ich den aanjeluurt un jesaht: ‚Wat häs du denn do jemaht? Häs de verkehte Strümp aanjehat?' Do han mer us de Strümp en Nummer jemaht."

„Ob mer wirklich jot wore, kann ich jar nit sage. Mer wore jung. Wenn Kinder op dr Bühn stonn, laache de Lück. Den Leuten gefiehl das." Bis Koblenz wurden sie eingekauft und nicht selten spielten die beiden im selben Programm wie ihr Vater mit den Vier Botze. In Köln traten sie in allen großen Sälen auf, von der Flora bis zum Williamsbau. „Wenn man da spielte, hatte man es geschafft", sagt Hans Süper stolz. Weil der Gürzenich, die „gute Stube der Stadt", zerstört war, nutzte man für die Anfänge des Sitzungskarnevals nach dem Krieg das beheizte Winterzelt des „Circus Williams“. Carola und Harry Williams hatten den mit 2500 Plätzen damals größten Veranstaltungssaal der Stadt ab 1946 an der Aachener Straße aufgebaut.

Von einem Auftritt der Zwei Schnürreme im Williamsbau existiert ein kaum verständliches Tondokument in Junggeburths Archiv, von dem ein Teil („Och hätte mer dat doch gewoß“) für dieses Buch bestmöglich restauriert wurde. Wie und von wo dieser Mitschnitt aufgenommen wurde, weiß man nicht genau. Das Tonband muss in großer Entfernung oder heimlich unter dem Tisch des Elferrats mitgelaufen sein, sonst würde man die beiden besser verstehen können. Interessant ist die Aufnahme trotzdem: Auch dieser Auftritt beginnt mit einer Pause. Ein ganz ruhiges Publikum wartet geduldig auf den ersten Satz der zwei Jugendlichen auf der Bühne. Zwischen Aufzugsmarsch und dem ersten Wort liegt eine gefühlte Ewigkeit. Dann folgen zwei Sätze zur Begrüßung, bevor die Brüder ihr Mottolied anstimmen: „Zwei Schnürreme weede mer jenannt, en Kölle sin mer schon längs bekannt. Mer singe alles us däm Hoot, denn üch Freud ze maache, deit unendlich jot.“ Die wenigen Worte, die die beiden zwischen den Liedern wechseln, sorgen für zusätzlichen Spaß. Der kleine Hans versucht das „sehr verehrte“ Publikum zu begrüßen – erfolglos. Denn er tut so, als könne er das Wort „Publikum“ nicht aussprechen. Später gibt es ein leicht anzügliches Witzchen über ein „Mädche“ in der ersten

Die Zwei Schnürreme im Williamsbau an der Aachener Straße, um 1950

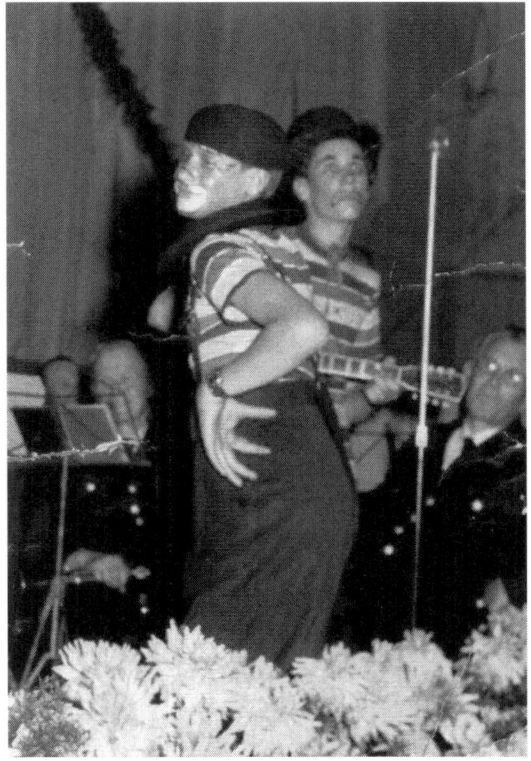

Reihe. Während der beiden weiteren Lieder steigert sich der kleine Bruder von schrägem Gesang über diverse Geräusche bis hin zu Tanzeinlagen, die das Publikum zum Toben bringen. Der „Samba en dr Schemmerjass“ wird nach jedem Refrain von Tuschs unterbrochen. Paul und Hans Süper singen von der Kayjass und dem Pfarrfest, wo der Schnaps gut schmeckt und man Spaß daran hat, wenn der Orgelspieler sternhagelvoll vom Frühling singt.

Über die Frage, wie es losging mit den Auftritten im Karneval, sind sich die Brüder nicht ganz einig. Paul erinnerte sich daran, dass sie während einer Sitzung im Sartory fertig geschminkt hinter der Bühne standen und darauf warteten, an irgendeiner Stelle einspringen zu dürfen. Der erste Auftritt sei also nicht wirklich geplant gewesen. Doch es habe geklappt und dann sei man eben auch von anderen gebucht worden. Hans berichtet von einem Vorstellabend im Haus Töller. „Do soße en paar Mann vum Fesskomitee. Dat wor deselbe Mafia wie hück och.“ Denen habe man gefallen und so sei man an die ersten Auftritte gekommen. Vielleicht stimmen ja beide Versionen.

In jedem Fall war der Erfolg der Zwei Schnürreme nur von kurzer Dauer. Hans schmiss nach nur drei Jahren hin. „Mer wore wie Kain un Abel. Wenn bei mir die Harmonie nicht stimmt, muss ich kurzen Prozess machen“, erklärt er sich. Man habe unterschiedliche Interessen gehabt und sich nicht mehr richtig vertragen. „Wir hatten ein bisschen Trouble“, meinte der Bruder, der wohl gerne weitergemacht hätte. Sie verdienten ja gut, sagt auch Hans. „Ich wor schon früh en jemachter Mann jewäse.“ Aber es sei eben nicht anders gegangen. Das musste auch der Vater akzeptieren. „Wat sollt dä och anders maache? Do moot dä durch.“ Für den Bühnenkarneval war das ein großer Verlust, zumal Hans Süper mit dem Ende der Zwei Schnürreme auch beschloss, dass er mit dem Karneval erst mal gar nichts mehr zu tun haben wollte.

So trennten sich die Wege der Brüder. Beide zogen früh von zu Hause aus, heirateten und bekamen Kinder. Hans Süper begab sich musikalisch auf ganz neue Wege. Er sagt, nach den Schnürreme habe „das mit der Musikalität“ angefangen. Damit verbunden war auch die Loslösung vom übergroßen Vater. „Mi Vatter wor musikalisch stonn jeblevve, ich wollt wat anderes maache.“ Das andere war amerikanische Tanzmusik, Schlager, Rock 'n' Roll, später Beatmusik. Man habe „Radio Luxemburg erop un erunger“ nachgespielt, „un die Lück han dodrop jedanzt“.

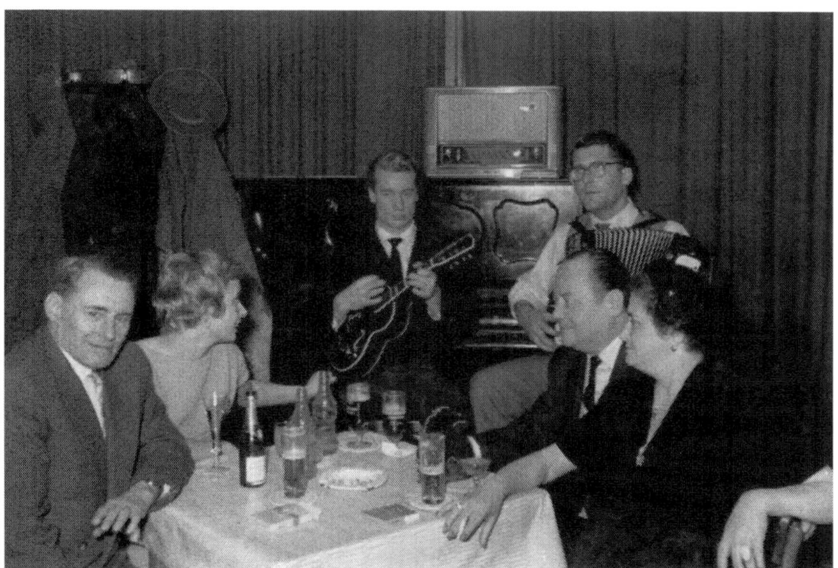

Hans Süper mit Mandoline und zum Verstärker umgebautem Radio beim Frühschoppen, um 1956. Links seine erste Ehefrau, rechts am Tisch seine Eltern Hans und Lina

Für Hans Süper sind die Beatles, die Anfang der 1960er-Jahre damit begannen, die Massen zu begeistern, nach wie vor die Größten der Musikgeschichte. Mandolinen kamen nur selten bei dieser Art der Musik zum Einsatz und so musste sich der Spezialist an der Flitsch erst seinen Platz in der Unterhaltungsmusikszene erarbeiten. Sein späterer Partner Werner Keppel erinnert sich noch gut an seine erste Begegnung mit ihm. Jemand habe eine Kapelle für eine Tanzveranstaltung in einem Hotel zusammengestellt und ihn angerufen. Er habe gestaunt, als er von der Besetzung hörte: Schlagzeug, Gitarre, Klavier – und Mandoline. Da war Süper mit seinem kleinen Saiteninstrument bereits eine besondere Attraktion in jeder Band, mit der er auftrat.

Als in den 1950er-Jahren die erste Fender-Mandoline auf den Markt kam, die man elektrisch verstärken konnte – „die Mandoline als Brett" –, war dies ein kleiner Meilenstein in Hans Süpers Musikerkarriere. Sein erster Verstärker war ein umgebautes Radio. Mit 16 hatte er bereits den Motorradführerschein gemacht und sich von den Gagen der Auftritte mit den Zwei Schnürreme ein Motorrad gekauft. Am Wochenende saß er dann auf seiner Puch, fuhr die Wirtschaften ab und fragte, ob er mitspielen konnte. „Da han ich mich enjehange, zojehoot un vill jeliert. Su ben ich peu à peu en die Musikszen' erenjekumme." Nach und nach machte er sich in den einschlägigen Kölner Lokalen einen Namen. Irgendwann fing man an, nach ihm zu fragen. Er erinnert sich an die Band Big Boys, an Auftritte im Porzer Lindenhof, bei Whiskey Bill oder beim Frühschoppen in einer Kneipe am Zülpicher Platz. Jedes Wochenende habe er gespielt. Zum Tanz aufzuspielen, war ein besonders gutes Wochenendgeschäft, wo er sich „a bessje frisch maache kunnt": Pro Stunde gab's fünf, später zehn Mark. „Dat wor für mich als Nichtgelernter natürlich ne Hammer. Da häs de en drei Dach 150 Mark verdeent. Dat wor domals richtig vill Jeld." Hans Süper machte nur Musik, singen mussten damals andere. „Ich wor ze faul, Texte ze liere."

Der verstorbene Zeitzeuge Charly Bernmüller, genannt „De Lall", weil er „wie beklopp jestottert hät", erinnerte sich an atemberaubende Sessions Ende der 1950er-Jahre, bei denen er ehrfürchtig zugeschaut habe. So habe Süpers Häns mal mit Wankely Ramon, jenem legendären Jazzgittaristen, der noch bis in die 1970er-Jahre begeisterte, gespielt – „op dr Läuf

Mit der Flitsch im Tanzlokal: Livemusik in ungewöhnlicher Besetzung

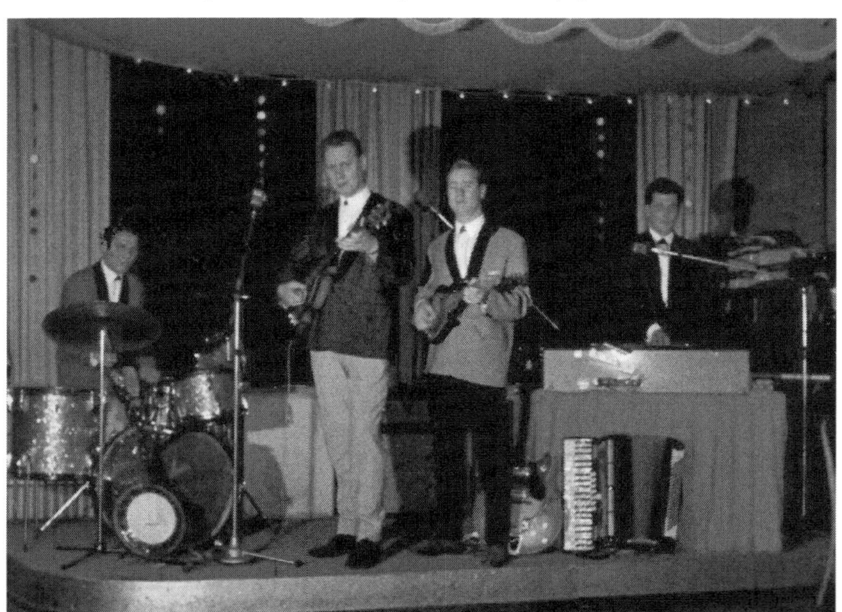

bei der Schwijermutter vun däm Wankely en Ihrefeld ungerm Daach". „Klöppels Jupp" habe Klavier gespielt und auf der gegenüberliegenden Straßenseite habe der Schlagzeuger Engelbert Pützer an seinem Instrument gesessen und „us däm Finster jetrommelt". Auch Tommy Engel erinnert sich an frühe Auftritte von Hans Süper, bei denen ihn nicht nur dessen Mandolinenspiel, sondern auch sein Gesang begeistert hätten. Zum Beispiel als er in einer Kneipe in Alt-Bocklemünd beim Middel-Of-The-Road-Hit „Soley Soley" alleine die dritte und vierte Stimme gleichzeitig gesungen habe – „unbegreiflich" sei ihm das gewesen. „Der hat ein harmonisches Verständnis, das ganz tief in ihm steckt." Mit diesem Phänomen müsse sich mal ein Fachmann befassen. „Welche Gehirnzellen arbeiten da, damit so was rauskommt?"

So verfeinerte Süper über die Jahre auf vielen Bühnen sein Spiel, ohne eine einzige Note zu kennen. Er habe sich die Harmonien zusammengesucht. „Ich ben harmoniengeil." Zudem bastelte er sich einen eigenen Saitensatz, „domet dat praller klingt". Daraus wurde der „Süper-Satz", der in Kölner Musikgeschäften heute noch ein Begriff ist. Statt der dünnen A- und E-Saiten zieht Süper eine dickerer G- und D-Saite auf, die aber dann wieder auf A und E gestimmt werden. „Dadurch klingt das ein bisschen voller. Dat es dr Trick jewäse."

Einmal habe er auch ein Engagement mit seinem Bruder im Rotlichtmilieu angenommen. Der Auftrittsort passte zum Sparziel: Um sich ein neues Schlafzimmer zu verdienen, spielten sie im „Calypso" in der Altstadt. Paul kannte die Szene, für die er damals Akkordeon spielte. Für Hans war es ungewohnt: „Dat es en Miljöh, dat künne mer uns als Normalverbaucher üvverhaup nit erendenke. Dat es ne janz andere Welt. Un wenn de nit oppass, kriss de direk eins aufs Maul. Die han ihre eigene Jesetze un de Polizei lässt se, sulang et nit Üvverhand nimmp. Dat musste ens metjemaht han." Vier Wochen habe er da inmitten diverser Halbweltgrößen gesessen und Musik gemacht. „Die wore immer nett un freundlich. Die wosste, dat se met mir kein Ding driehe kunnte." Er lernte Schäfers Nas und Dummse Tünn kennen. „Die han ihre Job, ich han minge Job. Dat sin Minsche wie andere och." Die Erfahrungen, die er hier sammelte, baute er später in eine Nummer des Colonia Duetts ein: „Do hat ich ne entsprechende Aanzoch aan, ne joldene Uhr un su jet, un dann han ich jesaht: He, ich ben ene Zocker. Bei mir jeiht et um alles oder nichts. Meistens um nichts. Wo ich verkehre, kommt nicht jeder rein."

Das Engagement im Calypso war das einzige Mal, wo sich die musikalisch-geschäftlichen Wege der beiden Brüder nach dem Ende der Zwei Schnürreme noch einmal kreuzten. Ansonsten hatten sich die beiden in Bezug auf die Musik nicht mehr allzu viel zu sagen. Paul verdiente sein Geld unter anderem als Alleinunterhalter für Kegelclubs auf Tour in Assmannshausen oder Rüdesheim. Er trug „Kegelliedchen" vor, „die man meist nur unten im Keller singt, aufgemotzt von Charly", wie er sich selbst zu Hammond-Orgel-Gedudel anmoderierte. Gefragt waren da Texte, die so gar nichts mehr mit dem feinen, kölschen Humor der Zwei Schnürreme zu tun hatten: „Ein Pater klettert auf den Baum hinauf, eine Nonne guckt von unten rauf" oder „Ich han ein Knacken im Nacken, ich glaub, ich muss mal kacken."

Hans arbeitete damals im Grunde sieben Tage die Woche, Musik machte er nur nebenbei. Er hatte Engagements, die ihn über Monate für die Wochenenden an einzelne Lokale banden. Er fuhr bis nach Leverkusen oder Dortmund. „Samsdachs um sechs erus und eets um zwei Uhr naachs widder doheim. Sonndachs datselve." Montags saß er dann wieder im Auto, um Lichtpausen auszufahren. Viel gearbeitet habe er in der Zeit, untertreibt er. „Einmol ben ich em Auto injeschlofe beim Fahre. Da jov et ne Knall, hät mir einer dr Rückspeejel avjefahre. Do han ich schwer Jlöck gehat." Er verdiente sein Geld mit den unterschiedlichsten Jobs: Steinplatten schleppen, Fugen ziehen, Kaffee für die Anstreicher der Rheinbrücken kochen, Zement tragen, Brötchen und Lichtpausen ausfahren, GEW-Zähler ablesen – man könnte ein Liedchen daraus machen. Einen Tag habe er auch mal in der Schirmherstellung gearbeitet. Aber das sei nichts gewesen. Die längste Zeit seines Lebens als abhängig Beschäftigter fuhr er als Bote Filme, Bilder und Fotoartikel vom Labor zur Kundschaft, „jeden Tag 500 Kilometer, 20 Jahre lang von Olpe bis Aachen". Sein späterer Partner im Süper Duett, Werner Keppel, erzählt eine kleine Geschichte, die Süpers Verhältnis zur Arbeit gut beschreibt. Er half Süper, eine Bewerbung für den Job als Kraftfahrer bei der Bundeswehr zu schreiben. Später habe er ihn gefragt, was denn eigentlich aus der Bewerbung geworden war. „Die Bundeswehr hätte ihn wohl genommen, aber als der Job losgehen sollte, hatte er keine Zeit." Denn Süper war angeln in Irland, was viele Jahre sein bevorzugtes Urlaubsziel war. Der Urlaub sei ihm wichtiger gewesen, sagt er. „Doför han ich doch et janze Johr jearbeitet. Da es die Saach met der Bundeswehr evve en de Botz jejange."

Keppel erinnert sich auch gut daran, wie er sich 1972 mit Süper nach einem gemeinsamen Engagement in einer Tanzkapelle ein wenig angefreundet hatte. Danach besuchte Süper Keppel in seinem Haus in Odenthal-Voiswinkel. Mit Flitsch und Gitarre saßen sie nach dem Essen im Wohnzimmer und musizierten. Hans habe viel Blödsinn gemacht, sagt Keppel, und da habe er schon damals die Idee gehabt: „Kumm, Häns, loss mer doch en de Karneval jonn." Hans Süper habe das aber kategorisch abgelehnt. Er sei mit seinem Bruder als Zwei Schnürreme unterwegs gewesen und das wolle er nie wieder machen. „Hans wollte vom Karneval nichts mehr wissen", sagt Keppel. Umso überraschter sei er gewesen, als er ihn dann nur drei Jahre später im Fernsehen neben Hans Zimmermann auf einer Karnevalsbühne gesehen habe. Hans Süper hatte seine Karnevalsaversion überwunden und sich überreden lassen. Was Keppel noch nicht geschafft hatte, war Hans Zimmermann gelungen. Und so begann 1974 die Karriere eines einmaligen Duetts im kölschen Fastelovend: Hans Süper und Hans Zimmermann waren das Colonia Duett. Erst 15 Jahre später, mit 53, entschied Süper sich übrigens, ausschließlich mit seinem Talent und seiner Unterhaltungskunst Geld zu verdienen. Vorher sei ihm das „zu riskant" gewesen.

Im Dienste der GEW: Hans Süper liest die Zähler ab

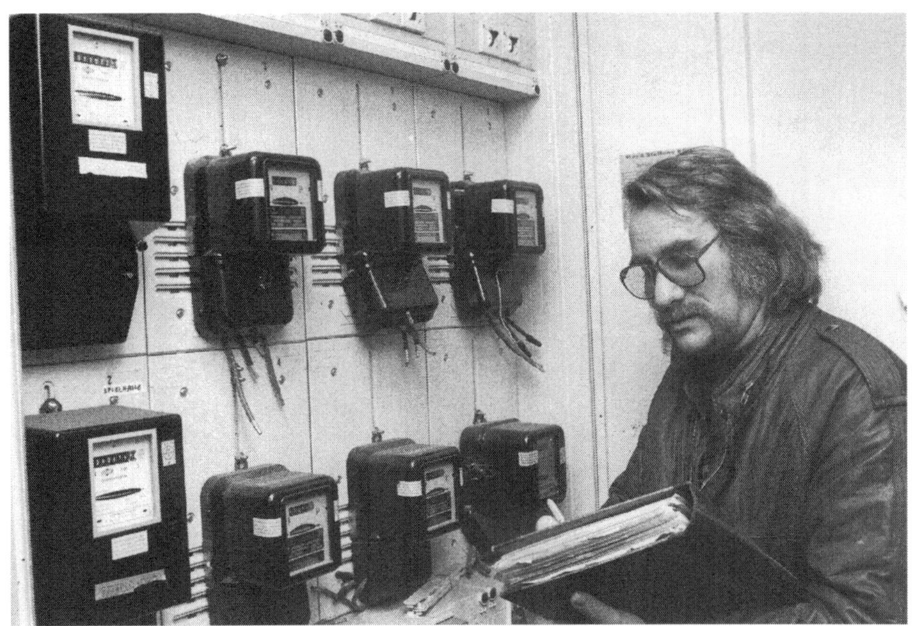

Wenn et üvver mich kütt, ben ich nit ze halde

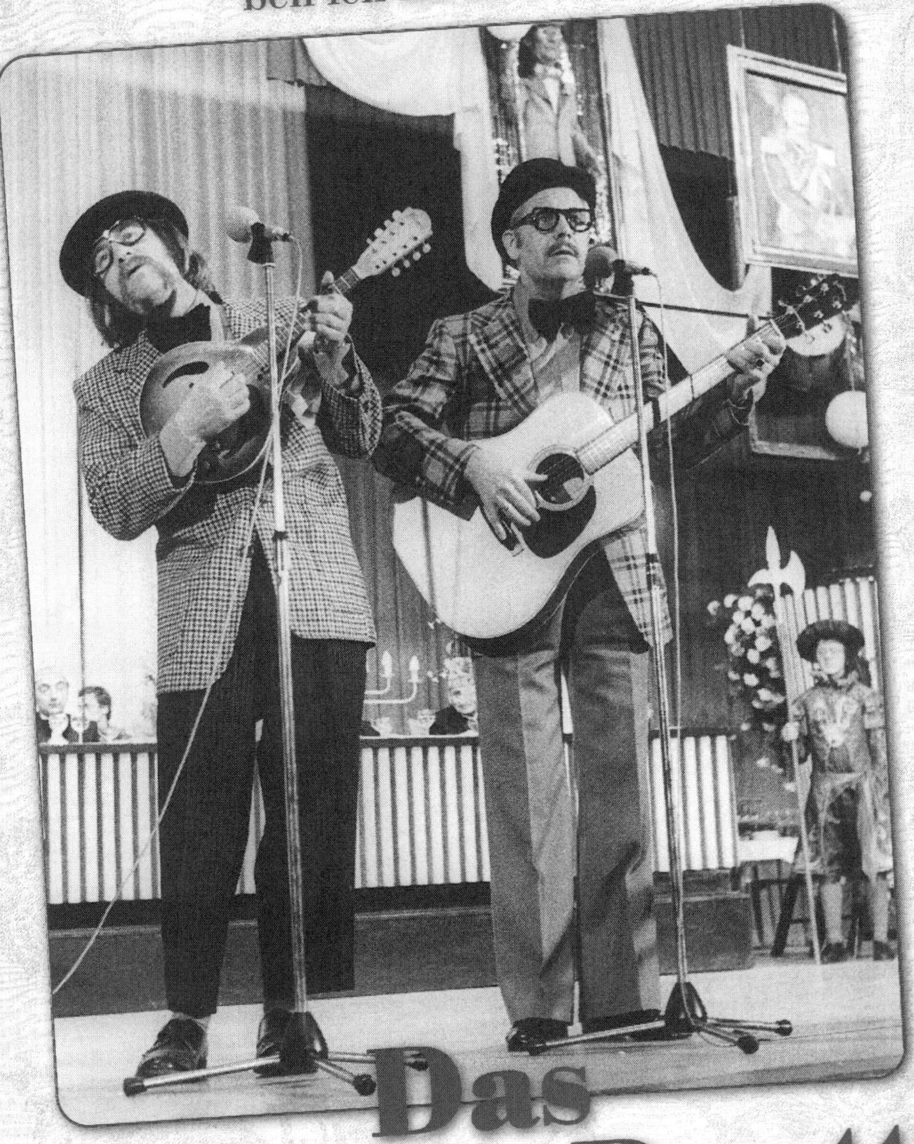

Das Colonia Duett

„DAT DAT ESU VILL WOODT, hatte mer nit jedaach. Keiner wollt op dat Colonia Duett verzichte. Ich bin fruh, dat et jeklappt hät, ävver et wor och ne schwierije Nervenkreech und ne Hektik. Mein lieber Mann! Man muss immer Leistung bringen und jedes Jahr besser werden, wenn du einmal dabei bist. Ich wor immer opjerächt. Da steihs do em Foyer und hürs, wat em Saal loss is: Manchmol is et laut un die Leute sin besoffe. Da wusst ich vürher nit, wie dat jonn sollt. Umso schöner is dat dann, wenn de op die Bühn küss un kannst ne Stecknadel falle hüre, weil plötzlich alle janz ruhig weede."

„Alles hat getobt vor Lachen", erinnerte sich Hans Zimmermann 1994 bei einem Redaktionsgespräch mit dem Kölner Stadt-Anzeiger an seinen ersten Auftritt mit Hans Süper, dem „Jrieß". Damals, fast 20 Jahre zuvor, standen sie bei dem Karnevalsverein Dschungelbrüder im Severinsviertel auf der Bühne. „Op einmol steiht minge Jrieß nevve mir – ‚La, la, la' – un es am Danze wie verröck. Ich sage: ‚Wat hät dä dann?' Un da tritt dä mich in dr Hintern und säht: ‚Häs do dr Text verjesse?'" Abgesprochen war das nicht – und trotzdem ein Knüller. So entstanden viele der Gags, mit denen das Colonia Duett im Sturm die Bühnen eroberte.

Hans Süper hatte sich entschlossen, es doch noch einmal im Karneval zu versuchen. Ein paar Jahre vorher, als Werner Keppel ihn überreden wollte, hatte er das noch strikt abgelehnt. Auch als Hans Zimmermann ihn fragte, „han ich e bessje üvverläje müsse", erinnert er sich. Tommy Engel, den Süper gebeten hatte, beim ersten musikalischen Kennenlernen mit Hans Zimmermann dabei zu sein, und Süpers spätere Ehefrau Helga ermunterten ihn. „Was die anderen da auf die Bühne bringen, kannst du auch", riet sie ihm. Süper kannte den Sitzungskarneval, weil er sich in Sitzungskapellen Geld dazuverdiente. 250 Mark gab es da als Gage für einen langen Abend. Da schienen 70 Mark für 20 Minuten durchaus attraktiv. „Wenn de dann drei, vier Auftritte an nem Ovend mähs, häs de dat Jeld och erus." Doch an diese drei bis vier Auftritte pro Abend zu kommen, war zunächst gar nicht so leicht. Erst mussten sie sich die Gunst der Programmmacher – die Süper bis heute „Literaten-Mafia" nennt – mühsam erspielen. Selbstkritisch räumt er aber auch ein: „Am Aanfang jov et kein Konkurrenz. Mer wore ze schlääch." Sie mussten hart arbeiten, um „da eren ze kumme. Dr Karneval fordert jo och jet. Do kannste dich nit einfach met irjendeiner Pissnummer op de Bühn stelle."

Das Colonia Duett war keine neue Erfindung. Hans Zimmermann, Spross einer hochmusikalischen, singenden Familie und gelernter Hufschmied, trat unter diesem Namen schon seit Jahren auf. Der Erfolg war jedoch eher bescheiden. Nach dem Krieg hatte Zimmermann, der am 16. Oktober 1920 im Severinsviertel geboren wurde, angefangen, Geld mit Musik zu verdienen. 1947 gründete er mit dem Akkordeonspieler Jürgen Peschke das Duo „Butz und Bobbi", das sich vor allem auf Seemannslieder spezialisiert hatte. Von 1949 bis 1960 trat er zusammen mit seiner Schwester Grete als „Geschwister Zimmermann" – sie im langen Abendkleid, er im Anzug – auf. Sie trugen Couplets und Schunkellieder vor.

Nachdem Grete als Puppenspielerin beim Hänneschen-Theater einstieg, machte Hans Zimmermann in den 1960er- und 70er-Jahren mit drei verschiedenen männlichen Bühnenpartnern als Colonia Duett weiter. „Richtig zufrieden war er damit nicht", sagt Grete Zimmermann. Als sein letzter Partner Jakob Kuhl 1974 aufgab, erinnerte ihn ein Bekannter an Hans Süper: „Ich weiß, wen Sie suchen – dr Jrieß!" Da habe es bei ihm geklingelt. „Gibt es den noch?" Er kannte Süper aus der Zeit, als er selbst in Sülz gewohnt hatte. „Wenn ich mit meiner Frau spazieren ging, heulte öfters ein kleines Motorrad vorbei. Ich sagte immer zu ihr: ‚Mach, dass du von der Straße kommst. Do kütt dr Jrieß.'" Der sei nicht gefahren, sondern um die Ecken geflogen. Wenn irgendwo was los war, sei Süper in der Regel immer mit dabei gewesen. So habe er ihn angerufen: „Häs de Loss?" Nach einer Bedenkzeit habe Süper dann zugestimmt: „Mer künne et ja ens probiere."

Karneval im Abendkleid:
Grete und Hans Zimmermann in den 1950er-Jahren

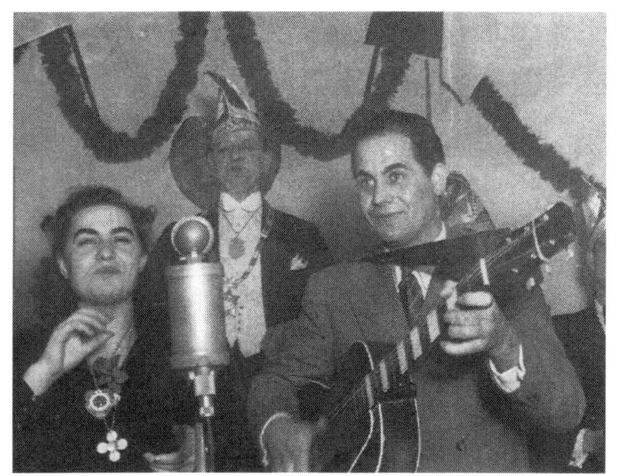

Ein schönes Lied aus der ersten Dekade der Zusammenarbeit der beiden heißt „Mi Kölle dräht en Peelekett". Es ist eine Liebeserklärung an die Stadt und würde völlig zu Unrecht ganz vergessen, wenn Grete Zimmermann es nicht ab und zu noch einmal singen würde. Sie erinnert sich noch gut, wie sie eines Abends bei einer Fahrt über eine Rheinbrücke ganz ergriffen vom Rheinpanorama gewesen war. Wie eine Perlenkette aus Tausenden Laternen habe Köln gefunkelt. Noch in derselben Nacht machte Lutz Bennigsfeld daraus den Text, den Hans Zimmermann dann für das Colonia Duett vertonte: „Ich ben als echte kölsche Fetz janz noh am Rhing jeboore. Ich weiß et noch, wo domols mi vertraute Jässjer wore. Ich kenne mi Kölle bei Dach un Naach, möcht nirjend anders wonne. Denn ich han beim Lateenesching et leevst dat Leed jesunge. Mi Kölle dräht en Peelekett von dausende Lateene …" Hört man heute die Aufnahme, auf der Hans Zimmermann – noch sehr im Stile eines Operetten-Tenors – und Hans Süper – eher brummend als beschwingt – das Stück singen, wird der Unterschied zwischen dem jungen Colonia Duett und dem, was man aus dem Fernsehen kennt, deutlich. Man erkennt die Stimme von Hans Süper kaum und vermutet einen seiner Vorgänger. „Vielleicht war es ihm zu melancholisch", meint Bömmel Lückerath von den Bläck Fööss, die das Colonia Duett später bei der Produktion begleiteten. Er erinnert sich, dass Süper das Lied nicht besonders mochte. Und so hat das Liedchen auch nichts zu tun mit dem, was man im Rückblick mit dem kölschen Clown im Colonia Duett verbindet. Für Grete Zimmermann war aber dennoch schon damals klar: „Jet Besseres kunnt mingem Broder nit passeere."

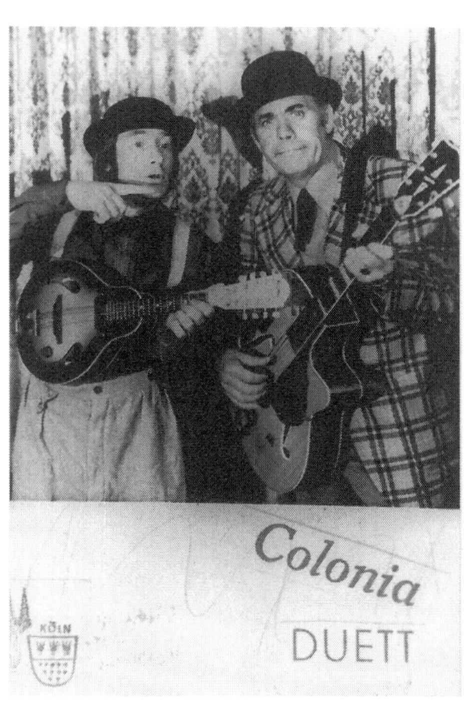

Ohne Brille und Bart: die erste Autogrammkarte des Colonia Duetts

Zimmermann habe für die erste Session „schon sibbe Jeschäfte“ mitgebracht, sagt Hans Süper nicht ohne Ironie. „Dat Colonia Duett muss vorher nit besonders jewäse sin.“ Er erinnert sich an einen Vorstellabend in der Börse, „däm Wartesaal do“: Als das Colonia Duett angesagt wurde, seien die Leute zum Biertrinken vor die Tür gegangen. Bei einem Auftritt in Zündorf „stundte mer op dr Bühn un keiner hät zojehürt“. Da entschied Süper spontan, „eets ens de ‚Kayjass Nummer Null‘ ze spille – dann maache se all met“. Ein Tipp, der noch immer für alle unbekannten Karnevalskünstler gilt.

Der Start war schwer, und so tourte das Colonia Duett anfangs vor allem durch das Kölner Umland. „Ich wor zuständig für die Fahrerei, der Zimmermann für die Verträge.“ Daran sollte sich all die Jahre nichts ändern. Die beiden haben sich nie einen Fahrer geleistet. Wozu auch? „Dat kunnt ich doch selver maache“, sagt Süper. So kurvte er 17 Jahre durch die Region – natürlich ohne Navigationsgerät. In Spitzenzeiten hatten sie bis zu 14 Auftritte pro Tag, „einschließlich zweimal Düsseldorf und zweimal Aachen“. Wenn sie mal den Weg nicht fanden, fragten sie Passanten. Die durften dann ins Auto einsteigen, sie zum Auftrittsort lotsen und zur Belohung das Colonia Duett live erleben. Sie hätten viel Spaß gehabt bei der Herumfahrerei. Zum Beispiel als Hans Zimmermann und Süpers Frau Helga beim Anschieben des Autos im Schnee gelegen haben oder sie einmal vor lauter Hektik Helga im Sartory vergaßen. „Einmol stunk dat en däm Wagen wie beklopp. Do han mer uns jejenseitig anjeluurt: Wer hätt denn nu eine fleeje losse? Dä oder ich?“ Als sie nach einem Auftritt in Wesseling wieder in den Wagen stiegen, stank es immer noch. „Da han mer jesaht: Jot, en Wesseling stink et immer e bessje.“ Doch auch in Köln angekommen war der Gestank noch nicht verflogen. „Da han ich dr Buuredriss jesinn: Da hing die janze Scheiße am Gaspedal un ich hat su ne Apparat em Absatz. Do ben ich die janze Zick met däm Driss am Schoh opjetrodde.“ Das Team spielte sich immer besser aufeinander ein. Als Hans Süper 1979 seine Helga heiratete, war Zimmermann sein Trauzeuge.

Eine Karnevalskarriere kann man nicht planen. Süper war nicht mit dem Ehrgeiz auf die Bühne gegangen, ein Profispaßmacher zu werden. Er wollte Musik ja immer nur „nebenbei“ machen und hatte nie den Traum, von der Unterhaltung oder der Musik leben zu können. „Den konnte ich nicht haben, weil ich ja nie ‚Musiker‘ gelernt habe. Ich war immer nur ein Geräuschemacher, der sich alles selber zusammensucht.“ Wenn er so spricht, schwingt viel Respekt für die „echten Musiker“ mit, diejenigen, die wie sein Vater Noten lesen konnten und ihr Instrument „richtig“ gelernt hatten. Während ihn Kollegen wie selbstverständlich als „großartigen Musiker“ loben, mit dem alle gerne mal zusammenspielen wollen, hält er respektvollen Abstand. Er nennt sich selbst „nur begrenzt musikalisch“. Es dürfte niemanden geben, der ihm in dieser Einschätzung recht gibt. „Es ist typisch für Nichtnotisten, dass sie ihr Licht unter den Scheffel stellen“, sagt der Leiter der WDR Big Band Mike Herting. Er hat mehrfach mit Süper zusammengearbeitet und hält ihn für „supermusikalisch und superbegabt“. Das Beste sei jedoch sein Timing, das Gefühl für den richtigen Moment. Mit Musik ging Hans Süper genauso um wie mit Sprache. So wie er in den Dialogen des Colonia Duetts verzögerte und wartete, bis er einen Witz platzierte, spielte er auch die Mandoline. Er fand immer den richtigen Zeitpunkt für den besonderen Akzent.

Der große Durchbruch für das Colonia Duett kam 1976/77 mit einem Lied, dessen Text ursprünglich gar nicht von ihnen war. Zimmermann und Süper hatten die Zeilen des Duos „Dill und Dopp“, das nach dem Krieg bis zum Ende der 1960er-Jahre zu den Stars auf den Bühnen im Bonn-Siegburger Raum gehörte, mit einer flotten Melodie versehen:

Hans Süper und Hans Zimmermann warten auf den richtigen Zeitpunkt für den nächsten Ton

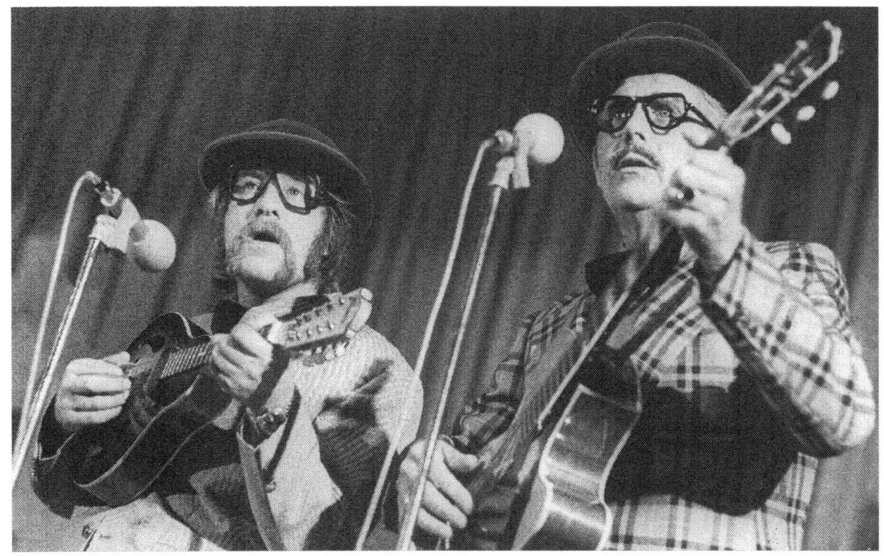

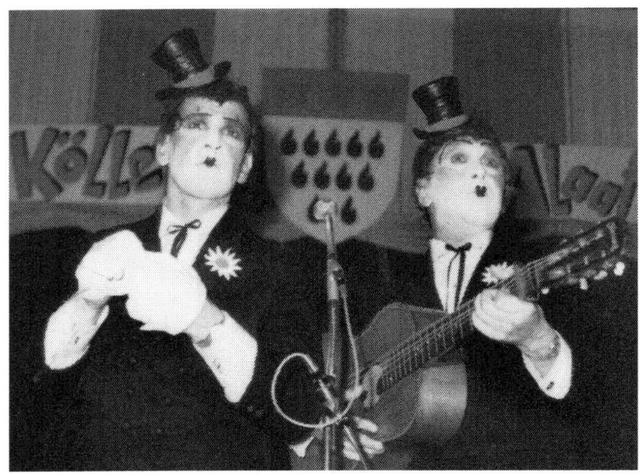

Gustav Röttgen (r.) und Marcel Schmidt als Dill und Dopp, 1964 in Köln

Die wunderbare Geschichte von der Fliege, die sich einfach nicht fangen lassen will und die beiden singenden Erzähler zur Weißglut bringt. Wer die Autorenlisten der GEMA, der „Gesellschaft für musikalische Aufführungs- und mechanische Vervielfältigungsrechte", durchgeht, erlebt noch mehr Überraschungen. Mancher Text, bei dem man Hans Zimmermann als Urheber vermuten würde, ist tatsächlich von Gustav Röttgen und Marcel Schmidt alias „Dill und Dopp" – darunter „De Jrillparty", „Tant Anna", „De Fahrschull" und „Wenn mer zwei morjens opstonn". Selbst die Vorlage für den vielleicht zweitgrößten Hit des Colonia Duetts, „Dat wore mer", besser bekannt als „Der Takt", bei dem Süper regelmäßig eine irre Bühnenshow ablieferte, war von den verstorbenen Siegburger Karnevalisten. Schmidt und Röttgen, die in schwarzen Anzügen und mit kleinen Zylindern auf der Bühne gestanden haben und ihre Lieder mit einfacher Gitarrenmusik begleiteten, waren in Köln nur wenig bekannt. Und so konnte Hans Zimmermann einige ihrer Lieder reanimieren und die alten Texte neu vertonen, ohne dass es jemandem negativ aufgefallen wäre. Marcel Schmidt habe ihm die Texte zu einem „Freundschaftspreis" überlassen, erinnert sich die Ehefrau Elisabeth Schmidt. Und so kommt es, dass Zimmermann und Süper bei diesen Colonia-Duett-Klassikern in den GEMA-Listen nur als Komponisten aufgeführt sind.

Nicht zuletzt also dank Marcel Schmidt und Gustav Röttgen durfte das Colonia Duett schon bald bei keiner Fernsehsitzung mehr fehlen. „Nach der Fleech jing de Poss av", so Süper. „Von do aan wollt uns jeder han." „De Fleech" – zu hören über den QR-Code im Anhang – war der größte Hit des Colonia Duetts und ist das vielleicht schönste Stückchen der beiden. In jedem Fall war es eine Vorlage für alles, was kommen sollte: Zu einer einfachen Melodie wurde eine herrlich komische, kölsche Alltagsepisode erzählt, die der „Geräuschemacher" Süper für den ein oder anderen kleinen geplanten wie spontanen Gag nutzen konnte. Er ließ die Fliege brummen, quatschte dazwischen, tanzte und zog Grimassen, während der ruhige Zimmermann dafür sorgte, dass alles im Rahmen blieb und sie irgendwie beim letzten Refrain ankamen. Kein Auftritt war wie der andere. Süper improvisierte, was das Zeug hielt, was es Zimmermann nicht immer leicht machte. „Dr Süpers Häns war unberechenbar", sagt Bömmel Lückerath. Als die beiden später ins hölzerne Hänneschen-Ensemble aufgenommen wurden, mussten drei Puppenspieler ran, damit die Süper-Puppe alles zeigen konnte, was den echten Süper auf der Bühne ausmachte.

In den Anfängen hat das Colonia Duett überwiegend gesungen und nur recht wenig gesprochen. Doch schnell wurde klar, dass der Gegensatz zwischen den beiden tolle Vorlagen für das klassische Zwiegespräch bot. Süper erinnert sich an einen frühen Auftritt in der „Traube" in Porz: „Do han ich zwischendurch mal en Witz jemaht. Dä kom so jot an, dat mer den dann bei allen Auftritten enjebaut han. Un so es dat Zwiejespräch entstanden, dat sich dann üvver Johre entwickelt hät." Ihre Sketche lebten vor allem davon, dass der Kleine den Großen nach Lust und Laune beschimpfen und verspotten durfte, während sich der Große kaum aus der Ruhe bringen ließ. Da stand einer wie ein „tiefgefrorener Hering" neben einem „vollkommen durchgeknallten Irrwisch", beschreibt Büttenclown Willibert Pauels – „Ne bergische Jung" – die Bühnensituation. Die zwei hätten sich gestritten, um am Ende versöhnt von der Bühne zu gehen. Brauchtumsforscher Reinold Louis glaubt, dass Süper und Zimmermann eine „neue Kunstform" erschaffen haben, die davon lebte, dass „Chaos und Ordnung sich die Waage halten". „Das Colonia Duett war das ideale Zwiegespräch", sagt Hänneschen-Chef Heribert Malchers.

Sein Vorgänger Gérard Schmidt sieht die beiden gar als Wiedergeburt von Tünnes und Schäl, die mit ihren Charakteren einst nicht weniger als die Kölner Stadtgesellschaft symbolisierten. Mit Süper und Zimmermann „machten die alten Typen Tünnes und Schäl einen Sprung in die neue Zeit. Zimmermann repräsentierte in seiner Rolle alles, was Sachzwang, Logik, praktische Vernunft und bürgerliche Sitte war, während Süper genau diese Kategorien fortwährend auf den Kopf stellte", schreibt Schmidt in seinem Buch „Kölsche Stars". Süper konnte auf der Bühne so sein wie als Privatmensch. „Wenn et üvver mich kütt, ben ich nit ze halde", sagte er jedem, der sich über seine Energie wunderte. 1981 stellten zwei Autoren der Kölnischen Rundschau bei einem Hausbesuch fest, dass es im Grunde „pausenlos über ihn komme". Die „Köch ze Hus" sei besser als die große Gürzenich-Bühne für den „verdötschten Vulkan". Für Zimmermann war es deutlich schwieriger, denn er musste sich auf der Bühne das Lachen verkneifen. „Da bin ich manchmal nass geschwitzt." Hartmut Prieß von den Bläck Fööss vergleicht Süper mit Charly Chaplin und das Colonia Duett mit Oliver Hardy und Stan Laurel als Dick und Doof. „Das hatte dieselbe Qualität. Wären die beiden Amerikaner gewesen, wären sie Weltstars geworden."

Im Gegensatz zur klassischen Büttenrede lebte das Colonia Duett nicht von den Witzen an sich, sondern vielmehr von der Art, wie sie die Witze erzählten. Am Ende war die Pointe gar nicht mehr wichtig. „Manche Witz deit esu wieh, dat wor üvverhaup keine", sagt Süper. Zum Beispiel, wenn es immer wieder um die Themen Autofahren und Führerschein ging.

Zimmermann: Jetzt will ich deine Reaktion mal testen.
Süper: Yes, yes.
Wenn du so mit dem Auto über die Autobahn fährst …
Autobahn!
Autobahn, ja. Vür dir landet jetz plötzlich auf dr Autobahn e Flugzeug.
– Pause –
Hä?
Jo. Plötzlich landet vür dir e Flugzeug auf der Autobahn.
Vor mir?
Vor dir!
Auf der Autobahn?
Auf der Autobahn!
E Flugzeug?
E Flugzeug!
E Jumbo?
E Jumbo!
Vor mir?
Vor dir!
Wo ich fahre?
Jo.

Einfach su?
Einfach su!
Auf der Autobahn?
– Erst jetzt ist Zimmermann genervt – Jo!
– Süper tätschelt Zimmermann – Is ja jot, is ja jot.
– Und zum Publikum – Is der beklopp!
Ja, wat wöödts de dann maache?
Da gucke ich in den Rückspiegel, ob ein U-Boot hinter mir ist.

Entscheidend ist das Spiel mit dem Tempo. „Dat kanns de nit runterrasseln. Dat muss de spielen", erklärt Süper. Den Umgang mit der Kunstpause, das Verzögern und Abwarten, das Ausnutzen gespannter Ruhe im Saal – all das hat schon die von Vater Süper trainierten Zwei Schnürreme ausgezeichnet. Beim Colonia Duett kam hinzu, dass beide das Tempo nicht nur immer wieder drosselten, sondern auch im Gegensatz dazu

Typisch für das Colonia Duett: Hans Süper meint, er weiß es besser, und will seinen Partner belehren …

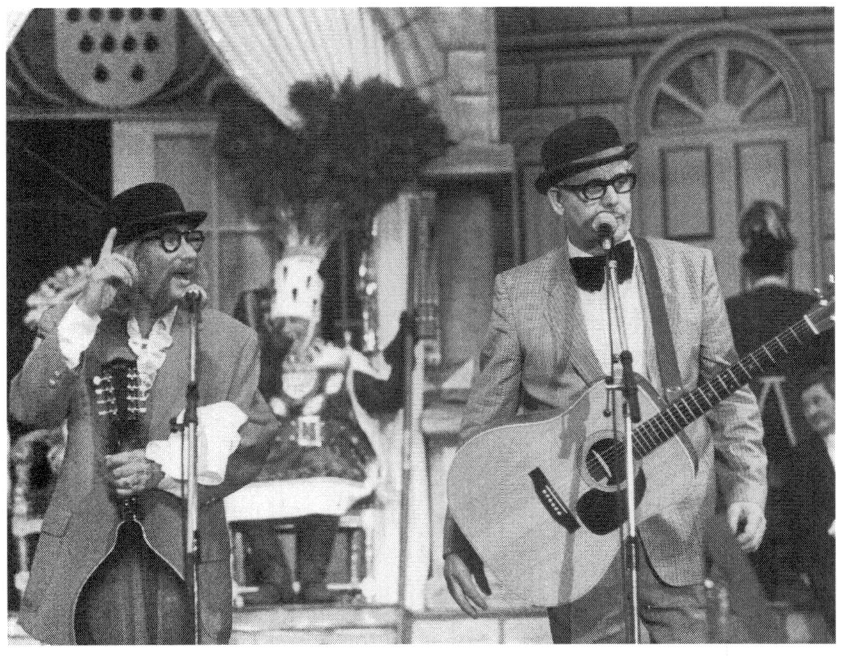

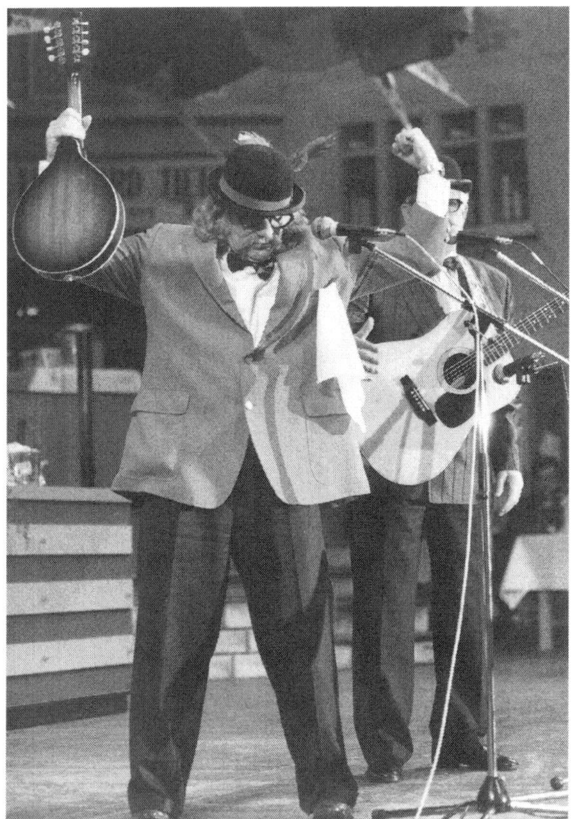

Immer von sich überzeugt: Hans Süper ist bärenstark

immer wieder anzogen. So konnte sich aus dem Staunen über den anderen auch ein heftigter Schlagabtausch in Hochgeschwindigkeit entwickeln. Wie beispielsweise beim legendären Dialog über Zimmermanns Garten, den er einen Meter höher legen sollte. Auch hier wird eigentlich kein Witz erzählt und so wundert es nicht, dass er beim ersten Mal auch überhaupt nicht ankam. Dann, Jahre später, stand Zimmermann tatsächlich mit einem Hexenschuss auf der Bühne und baute die Geschichte spontan noch mal ein. Diesmal war sie ein Knüller, obwohl der Witz kein bisschen besser wurde. Hier ein Wortprotokoll des Auftritts im Kölner Senftöpfchen aus dem Jahr 1981:

Zimmermann: Han ich dir verzallt,
dat ich mir ne Hexenschuss jehollt han?
Süper: Ne Hexenschuss?
Ja.
Wo kritt mer dä dann?
Den han ich mir bei mir em Jade jehollt.
Em Jade?
Eja.
Em Jade jitt et Hexeschüss?
Ne, ich han doch minge Jade ümjegrabe.
Ümjegrabe?

Jo.
Dr Jade?
Ich wullte mir do en Heck pflanze.
Es ja jot, es ja jot. En Heck?
Jo.
Em Jade?
Jo.
Jo, un wo?
Vürren am Weg.
Am Weg?
Jo.
Am Weg?
Jo, da moot ich mich doch böcke.
Am Weg?
Jo. Ich mein, em Jade. Da moot ich mich doch böcke.
Wo?
Em Jade.
Em Jade?
Ja, da han ich jeschwitz.
Jeschwitz?
Jo.
Em Jade?
Jo.
Vum Böcke?
Vum Böcke.
Un jetz?
Han ich ene Hexenschuss.
Nen Hexeschuss? Em Jade?
Jo.
Dann musste den Jade ne Meter höher läje, Jung.

Weil der Vortrag nicht vom Inhalt der Witze lebt, ist er x-fach wiederholbar. Das erklärt, warum der WDR jedes Jahr das „Beste vom Colonia Duett" wiederholt und sich die Zuschauer immer wieder darüber amüsieren können. Auch bei den wenigen Auftritten nach Süpers Abschied von der Karnevalsbühne erzählt und singt er eigentlich nichts Neues. Aber auch da spielt das überhaupt keine Rolle. Um es mit den Worten des Autors des Standardwerkes über den rheinischen Humor zu sagen: „Zum Epischen gehört Gelassenheit. Der Witz mit seiner Pointe spannt, der Humor entspannt“, schreibt der Philosoph und Literaturwissenschaftler Heinrich Lützeler in seiner „Philosophie des Kölner Humors“. Für den 1988 verstorbenen Universitätsprofessor ist das das Wesen der typisch kölschen „Krätzjer“ oder „Verzällcher“. Einen Witz zweimal zu erzählen ist eigentlich langweilig – was es außerordentlich schwer macht, denn im Grunde sind alle Witze, die es geben kann, schon erzählt worden. Eine humorvolle Geschichte dagegen ist immer wiederholbar.

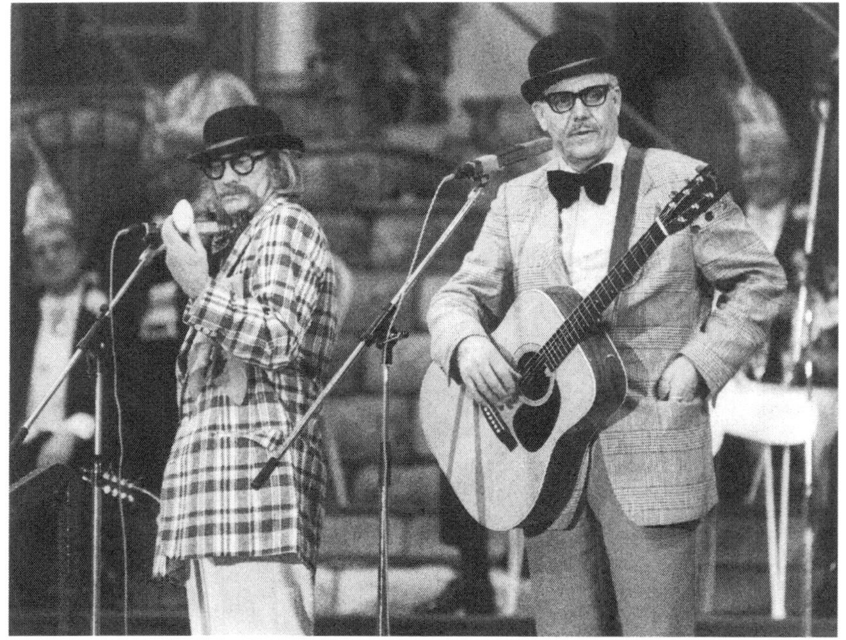

Und immer wieder „dat Ei“

Deshalb hat auch der größte Gag des Colonia Duetts in vielfachen Abwandlungen immer wieder funktioniert: Zimmermann wurde zu „Zimmermän, dat Ei“. Das Ei ist legendär und weil es sich für eine Legende so gehört, sind die Fragen nach dem Urheberrecht und den Umständen der Entstehung nicht klar zu beantworten. Süper meint, er habe Zimmermann irgendwann gesagt, dass er ihn jetzt einfach mal „Ei“ nennen werde.

„Un dann nach ner gewissen Zeit verbietest de mir das: ‚Ich bin für dich der Zimmermann und kein Ei'. Dat wor et." In Zimmermanns Erinnerung ist das „Ei" die geplante Pointe eines Sketchs über seinen Haarausfall. „Kannst de mir mol ne Rat jevve? Mir falle de Hoor us", bat er den kleinen Mann mit der Lockenmähne neben sich. Daraufhin starrte Süper seinen Partner an, als wenn er ihn noch nie zuvor gesehen hätte. „Vill Jeseech" habe er. Pause. „Du häs ja a Kopp wie en Ei." Welche Szene auch immer zuerst war, Hans Zimmermann war nun „dat Ei". Zunächst hätten sie nicht gedacht, dass sie diesen Gag über all die Jahre weiter ausbauen könnten. „Ich hatt jedaach, dat Ei jeiht denne Lück op de Nüss. Ävver die han dodrop jewaadt. Drei, vier Jahre später brauchte ich ‚Ei' gar nicht mehr auszusprechen. Wenn ich „Zimmermän" sagte, da wor dat Ei schon drin." Also tauchte das Ei nun in allen möglichen Variationen jedes Jahr auf, vom Eierauflauf bis zum Eiertanz. „Wenn du gestorben bist, kommt deine Asche in eine Eieruhr. – Wieso dat denn? – Dann musst du endlich mal arbeiten!"

In den ersten Jahren sprach das Colonia Duett noch ausschließlich kölsch. Doch der Fernsehkarneval und die mit ihm verbundenen Karriere- und Gagenaussichten verlangten auch von Süper und Zimmermann den Tribut, die Verständlichkeit zu erhöhen. Das Colonia Duett löste diese Aufgabe deutlich besser und gekonnter als viele andere Redner, die nur noch hochdeutsch sprachen. Viele wurden dazu gedrängt, wenn sie ins Fernsehen wollten – eine verhängnisvolle Entwicklung, der Kölns Karnevalisten, die heute den Verlust des Kölschen im Karneval beklagen, tatenlos zusahen. „Dat wor der größte Fehler im Karneval", sagt auch Süper. Das Colonia Duett schaffte es als eine der wenigen Ausnahmen, sich dem Trend zu widersetzen – mit einem Trick, der das Zwiegespräch sogar noch besser machte. Nicht der korrekte und akkurate Zimmermann bekam die naheliegende Rolle des hochdeutsch sprechenden Widerparts zum volkstümlichen Süper. Zimmermann sprach weiter kölsch. Die Rolle des Übersetzers übernahm derjenige, der eigentlich überhaupt kein richtiges Hochdeutsch konnte. „Wenn ich merkte, en Wood woodt nit richtig verstande, han ich dat widderhollt un üvversetz un en Witz druss jemaht." Das passte gut und knüpfte an ein anderes fürs Colonia Duett typisches Element an: Das Zwiegespräch spielte immer wieder mit Missverständnissen. Zimmermann benutzte Fremdwörter oder versuchte mit angeberischem Wissen zu glänzen. Süper tat so, als verstünde er, um was es ging – wie beim Sketch, in dem Zimmermann erzählte, dass er seiner Frau einen echten Rembrandt geschenkt habe.

Süper: Ich weiß nicht, was ein Rembrandt ist?
Zimmermann: Nä, dat weiß do och nit!
Süper: Eine bodenlose Frechheit. Ein Rembrandt ist und bleibt ein Rembrandt.
Zimmermann: Richtig.
– Längere Pause –
Süper: Hast du denn schon ne Garage dafür?

Auch diesem Schlussgag ging ein langes Hin und Her voran. Bis sie die Pointe platzierten, ließen sie sich anderthalb Minuten Zeit. Und der Saal tobte, obwohl auch dieser Witz in verschiedensten Varianten – auch vom Colonia Duett selbst – schon oft gebracht worden war.

Süpers außerordentliches komödiantisches Talent kam durch die großen äußerlichen und charakterlichen Gegensätze zu seinem Widerpart besonders zur Geltung. Im Grunde hätten sie sich beide selbst gespielt, meint Süper, der auf der Karnevalsbühne nicht schauspielern musste. Und gerade durch seine Authentizität brachte er ein Rollenspiel in Gang, das über den Schlagabtausch mit dem Bühnenpartner hinausging. Süper wurde zum Clown, zum ganz klassischen Narren, der alle Freiheiten hatte. Er sprengte das steife Sitzungsformat, machte Späße über Elferrat, Kapelle und Präsidenten. „Der musste nur den Kopf in den Saal halten, da brüllten schon alle", sagt Süpers späterer Partner Werner Keppel. Irgendein Blödsinn zwischen zwei Auftritten ging immer mal. Süper radelte mit einem Rädchen über die Bühne, als die Bläck Fööss „Meiers Kätche" sangen, sprang durch eine Höhner-Nummer, um F. M. Willizil an der Mandoline auszuhelfen, oder gab sich als Prinzenführer aus. Auch der Respekt vor dem Festkomitee hielt sich in Grenzen. 1991 schlug das Colonia Duett die Einladung zur Prinzenproklamation aus, nachdem das Festkomitee den Termin verlegt hatte. Sie hatten bereits vier andere Auftritte bei kleineren Gesellschaften angenommen. „Jetzt sind die mal dran", so Zimmermann damals. Bereits zwei Jahre vorher hatten sie aus Kölner Sicht ganz schwer gesündigt: Da ließen sie ihren Auftritt bei der Proklamation platzen, um rechtzeitig einer anderen Verpflichtung nachzukommen – ausgerechnet in Düsseldorf.

Der oft spießige und langweilige Sitzungskarneval in Sälen, „in denne immer och Arschlöcher drensoße, meistens vürren, ohne dat die bezahle musste", war eine ideale Spielwiese für den Anarchisten. „Er war der Advokat des Volkes", sagt Ex-Bundesminister und Süper-Fan Norbert Blüm, „mit der angeborenen Respektlosigkeit vor allen, die sich für wichtig halten." Und so stand und steht Süper immer auch für den Wunsch nach einem anderen Karneval, ohne Fernsehkameras oder risikoscheue Literaten, die für belangloses Einerlei fern von kölscher Deftigkeit und feinem rheinischen Humor sorgten.

Wer sich durch die Archiv-Schätze Wicky Junggeburths aus den 1950er- und 60er-Jahren hört, findet viel von dem, was es in späteren Jahren nur noch als Ausnahmen gab. „Wat die sich jetraut han, is hück unvorstellbar", sagt Krätzjensänger Junggeburth. Auffällig war auch schon in der Zeit vor dem Colonia Duett, dass diejenigen zu den Erfolgreichsten gehörten, die mit den Konventionen brachen. Insofern steht Süper in der Tradition eines Horst Muys, eines Karl Küpper oder einer Trude Herr. Sie alle waren ebenso wie Süper starke Persönlichkeiten, die immer zur Selbstironie in der Lage waren. Wer Witze über die eigenen Schwächen machen konnte, durfte lauter, ungehobelter und unkonventioneller sein – und sich mal so richtig danebenbenehmen. Das wurde im Saal nicht nur verziehen, sondern sehnsüchtig erwartet. Dem meist recht bürgerlichen, arrivierten Publikum im Sitzungssaal gefiel die derbe kölsche Volkstümlichkeit und der Tabubruch. Da war jemand, der scheinbar mit all dem nichts zu tun hatte, was den Alltag derer bestimmte, die im Saal oder am Elferratstisch saßen. Doch es ging bei der Blödelei nicht nur um den Spaß an der Grenzüberschreitung. Diese Typen, die da oben standen, lebten auch privat das pralle und lustvolle Leben, das sie auf der Bühne verkörperten. Ihr Vortrag stand „für den ungeheuren Drang zu einem Leben ohne Zwang", meint Gérard Schmidt. Tommy Engel sagt, Süper sei ein „ungeschliffener Diamant" gewesen und geblieben. Und nur weil er sich nie schleifen ließ, konnte er seine Qualität halten und authentisch bleiben.

Auch Süpers Schwärmen für die Bläck Fööss hat nicht nur mit deren musikalischem Können und den vielen wunderbaren vertonten Geschichten zu tun. Die Fööss stehen dafür, Jugendkultur und Popmusik in die heiligen Hallen der feinen Gesellschaft gebracht zu haben. Sie waren bereits Jahre vor Süper barfuß, mit langen Haaren und ausgefransten Hosen auf die Sitzungsbühnen gestiegen. „Die meisten waren empört über solche

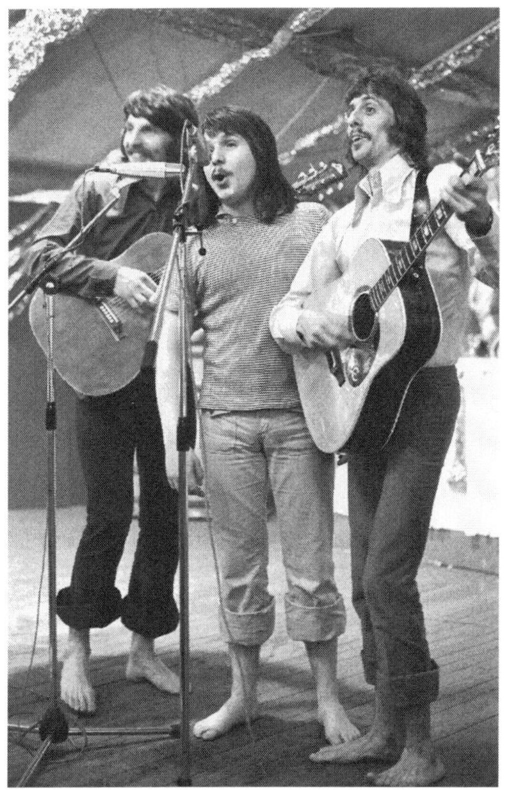

Langhaarig und barfuß: die Anfänge der Bläck Fööss im Sitzungskarneval

Exoten", erinnert sich Tommy Engel. Ein Kellner im Gürzenich habe mal den Hausgastronom Jochen Blatzheim gerufen, weil da „Penner" und „Chaoten" vor der Tür gestanden hätten. Das hätte auch dem langhaarigen Süper passieren können, wenn er ein paar Jahre früher angefangen und nicht den immer korrekten Zimmermann an seiner Seite gehabt hätte. Es wird kein Zufall gewesen sein, dass sich Süper gerade für den Sitzungskarneval die Haare wachsen ließ, meint auch Tommy Engel. „Lange Haare waren in dieser Zeit auch eine Form des Protests." Wären Leute wie Hans Süper oder Tommy Engel aber nur als Exoten aufgetaucht, hätten sie keinen Erfolg haben können. Ihre Provokation hielt sich in Grenzen und konnte verziehen werden, weil sie an eine lange Tradition anknüpften und sich auf kölsche Volkstümlichkeit im besten Sinne beriefen. So sangen sie immer wieder auch die Lieder ihrer Väter.

Die Bläck Fööss und das Colonia Duett waren auch sonst eng miteinander verbunden. Zimmermann wählte den Musikverlag der Fööss, um die Urheberrechte zu wahren, man spielte zusammen und besuchte sich gegenseitig bei Auftritten. Mithilfe der Fööss entstand auch die einzige Langspielplatte des Colonia Duetts. Diese wurde 1981 an vier gemeinsamen Abenden im Senftöpfchen mit Publikum aufgenommen. Die Fööss hatten dem Colonia Duett dringend davon abgeraten, den Wunsch der Plattenfirma zu erfüllen und Aufnahmen in einem Studio ohne Publikum zu machen. „Da wäre so viel verloren gegangen", ist sich Bläck-Fööss-Bassist Hartmut Prieß sicher.

Vielleicht spielte auch die Erfahrung eine Rolle, die die Band zwei Jahre zuvor gemacht hatte, als sie Hans Süper zu einer Studioaufnahme gebeten hatten. „Et musste einer ran, der richtig Flitsch spielen konnte", sagt Flitsch-Spieler Bömmel Lückerath. Süper sollte bei dem Lied „Et Wohrzeiche vun Kölle" für die Platte „Uns Johreszigge" ein paar Harmonien beisteuern, die Lückerath ihm in einem Harmonieschema aufgeschrieben hatte. Der Autodidakt Süper verließ sich jedoch lieber auf sein Gehör. „Der spielte wunderbar, aber immer wieder was anderes", erinnert sich Lückerath an nervenaufreibende vier bis fünf Stunden mit Produzent Werner Dies im Studio. „Der Typ ist so genial wie chaotisch" und deshalb manchmal eben ein bisschen schwierig zu handhaben. Eine ähnliche Erfahrung machte Tommy Engel nach seinem Ausscheiden bei den Bläck Fööss noch einmal, als er mit seiner Band LSE Hans Süper ins Studio holte. Irgendwann sei der mit den Worten „Sucht euch was aus" gegangen – nachdem er eine Unzahl bespielter Bänder mit immer anderen Mandolinensoli und Harmonievarianten für das Stück „Jede Morje ess ich ene Hungk" hinterlassen hatte.

Süper und Zimmermann beherzigten eine weitere goldene Regel. Sie machten sich nicht über Leute lustig, die sich nicht wehren konnten – Düsseldorfer eingeschlossen. Für die alberne Konkurrenz zwischen Köln und der Landeshauptstadt hat Süper nie Verständnis gehabt und so haben er und seine Partner beim kölschen Düsseldorf-Bashing nie mitgemacht. Der Respekt vor den Zuhörern in allen Sälen war immer groß – solange sie nicht zu den von Süper als „Arschlöcher" titulierten Ehrengästen zählten, die ihrerseits den Respekt vor den auftretenden Künstlern vermissen ließen. Wenn sie sich über Dinge lustig machten, meinten sie sich als Erzähler immer mit. Dabei half die Konstruktion, dass alle Alltagsgeschichten, von denen sie sangen, gemeinsam erlebt worden waren. Im Zwiegespräch wurde sich beharkt und kräftig ausgeteilt, bei der Jagd nach der „Fleech" scheiterte man vereint. „Der Zweite muss dabei sein", sagt Süper. Das gilt auch noch, wenn er heute ab und zu allein auftritt. „Da han ich immer eine nevven mir, och wenn der jar nit do es."

Die Vorlagen für die meisten Geschichten boten der Alltag oder Dinge, die einer von beiden erlebt hatte. Sie brachten Urlaubserinnerungen mit auf die Bühne, erzählten von Krankheiten, Krankenhausaufenthalten, ihren Frauen oder immer wieder gerne vom Autofahren. Auch Erlebnisse aus der Kur eigneten sich gut. Hans Süper brachte in das Zwiegespräch mit dem 15 Jahre älteren, ehemaligen Weltkriegssoldaten und Handwerksmeister Zimmermann auch seine Lebenserfahrung ein, die er in den Jahren nach dem Auszug aus dem Elternhaus und vor dem Start des Colonia Duetts in schummrigen Tanzlokalen und Beatclubs gesammelt hatte. In einem Jahr persiflierte er die Erfahrungen, die er beim Musikmachen mit seinem Bruder in einer Rotlichtbar in der Altstadt gemacht hatte – natürlich immer mit Eier-Witz. „Do han mir Roulette jespillt. Kennste kein Roulette? Dat Ding, wo man die kleinen Eier reinwirft? Das Zimmermann-Karusell.“ Seine eigene Biografie spiegelte sich immer wieder mal in einer Nummer. Bei der GEW, dem Kölner Energieversorger, habe er gearbeitet, erzählt Süper. Auf der Bühne ging es wie folgt weiter: „Nach drei Jahren wurde ich entlassen.“ Zimmermann: „Woröm dat denn?“ „Die han mich beim Arbeide erwisch.“ Im Blödsinn steckte immer etwas Wahres.

Inkognito: Nach der Karnevalssession trug Hans Süper die Haare kurz

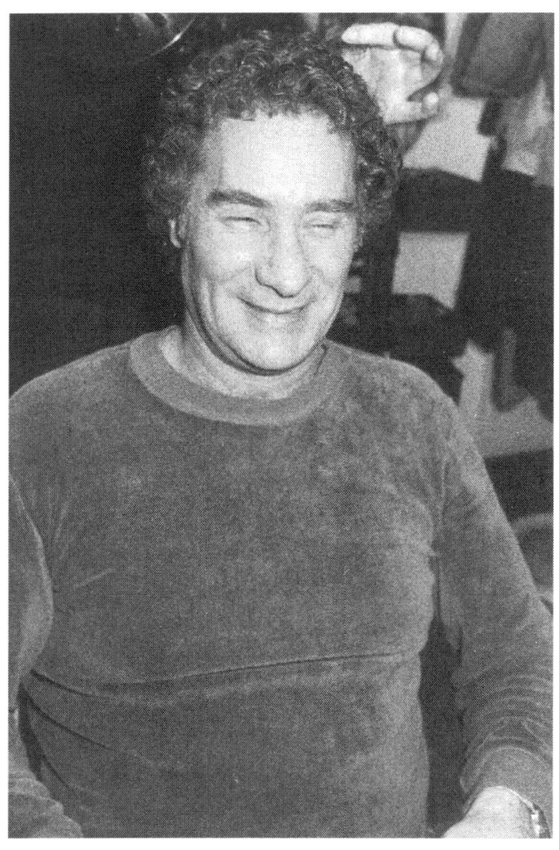

Besondere Erwähnung verdient natürlich auch das spezielle Outfit Süpers, das er jede Session veränderte. Auch seine Frisur war wohlbedacht. Mehr als zweimal im Jahr, sagt er, sei er nicht zum Friseur gegangen, einmal direkt nach Aschermittwoch, ein weiteres Mal im Mai. Danach sollte die Dauerwelle rauswachsen, damit aus der Frisur die typische Süper-Tolle wurde – „nach dem Waschen met dem Kamm dadurch, dann stonn die jot av. Do han vill dran jetrocke", aber die Haarpracht war immer echt. Auch den Schnäuzer ließ er nur für Karneval wachsen.

Dazu gab's jedes Jahr was Neues zum Anziehen, aus den unterschiedlichsten Quellen. Den sogenannten ‚Cremeschnittchensanzug' ließ er sich bei Kriesel an der Oper maßschneidern, mal wurde ein Anzug als Billigware für ein paar Mark erstanden. Zwei bunte Anzugjacken besorgte er sich in Nassau auf den Bahamas, wo er mit seiner Frau Urlaub machte. „Die Schwarzen tragen ja gerne bunte Sachen. Gelbe Hosen, rote Jacken und so. Weil die selbst so dunkelhäutig sind, stehen die auf so was", erklärt Süper den Zusammenhang zwischen Hautfarbe und Mode. In dem Laden, in dem er zwei Jacken für seine Zwecke entdeckt hatte, muss sich eine außergewöhnliche Szene ereignet haben. Ein kleiner, weißer Mann, der kein Englisch spricht, ruft dem Verkäufer immer wieder zu: „Bigger, bigger, e bessje longer muss et sinn!" Dass der Verkäufer ihn für verrückt erklärte, als er auch noch rote Schuhe haben wollte, die ihm ebenfalls viel zu groß sein sollten, kann man sich vorstellen.

„Der Mann war das Nonplusultra", sagte Hans Zimmermann trotz aller Enttäuschung über die Trennung noch Jahre nach dem Ende des Colonia Duetts. Er hatte die meiste Arbeit, schrieb neue Lieder, sammelte ständig Ideen für ihr Repertoire und kümmerte sich das ganze Jahr über um das Management des Auftrittsmarathons. „Lang, denk dir wat us. Ich kumme dann schon dohin", soll Süper immer mal wieder zu Zimmermann gesagt haben, erinnert sich dessen Schwester Grete. Im Gegensatz zu Hans Zimmermann, der am liebsten schon Aschermittwoch damit angefangen hätte, das nächste Jahr vorzubereiten, gönnte Süper sich ab Ende der 1970er-Jahre außerhalb der Session immer wieder lange Auszeiten, verreiste und machte Angelurlaub in Spanien. Süper sagt im Rückblick: „Der Zimmermann war spitze, da jitt et jar nix. Dä hät die meiste Arbeid jehatt un ich wor der Jlöckliche. Mir fließt alles zu. Ich han die Saache dann verkauf. Ävver dr Zimmermann wor minge Halt, da konnte ich frei arbeiten." Hans Zimmermann schrieb und komponierte, doch brillant wurde das Duo erst durch den Verkäufer und Entertainer Süper. „Seine Mischung aus absurder Komik und kölscher Kleinkunst war einfach ein Ereignis", schreibt Gérard Schmidt. Wie überragend die beiden im kölschen Karneval waren, macht eine bittere Erkenntnis der Kollegen von damals deutlich: „Nach denen wollte keiner mehr auftreten", sagt Werner Keppel. „Das konnte keiner toppen."

Das Hundehaufenwarngerät

Mir wore neulich in dr Stadt un wollten uns jet kaufe,
da hatte mir nit opjepass un stunden in enem Häufche.
Da loote mir zwei janz verzweifelt eets nach rääch s un links,
ob och keiner in de Finster spinks un dann noch grins.

Jo su ne Hundehaufenwarngerät, dat wör dr neuesten Hit.
Wenn dat ertönt, dann springe mir jenauso wie en Hipp.
Em Sambaschritt su jöcke mir de Stroß erop, erav,
denn dr Hundehaufen-Höppekaste-Danz, dä hält uns wach.

Däm Schmitzens ihre Dobermann, wat es dat för e Dier?
Dä setz sich jeden Morje beim Metzger vür de Dür.
Hät dä dann nit en Fleischwoosch däm Dier janz schnell spendiert,
dann hät dä sich op seine Aat janz einfach revangiert.

Jo su ne Hundehaufenwarngerät, dat wör dr neuesten Hit.
Wenn dat ertönt, dann springe mir jenauso wie en Hipp.
Em Sambaschritt su jöcke mir de Stroß erop, erav,
denn dr Hundehaufen-Höppekaste-Danz, dä hält uns wach.

Wat hammer manchmol schon jelaach, wenn mir spaziere jonn.
Em Jänsemarsch su kann man nur durch de Stroße jonn,
zweschen Autos und dr Hüserwand da quetschen sich de Lück.
Un do steihst op einmol dann enem su ne Häufche Jlöck.

Jo su ne Hundehaufenwarngerät dat wör dr neusten Hit.
Wenn dat ertönt, dann springe mir jenauso wie en Hipp.
Em Sambaschritt su jöcke mir de Stroß erop, erav.
Denn dr Hundehaufen-Höppekaste-Danz, dä hält uns wach.

Text und Musik: Hans Zimmermann/Hans Süper

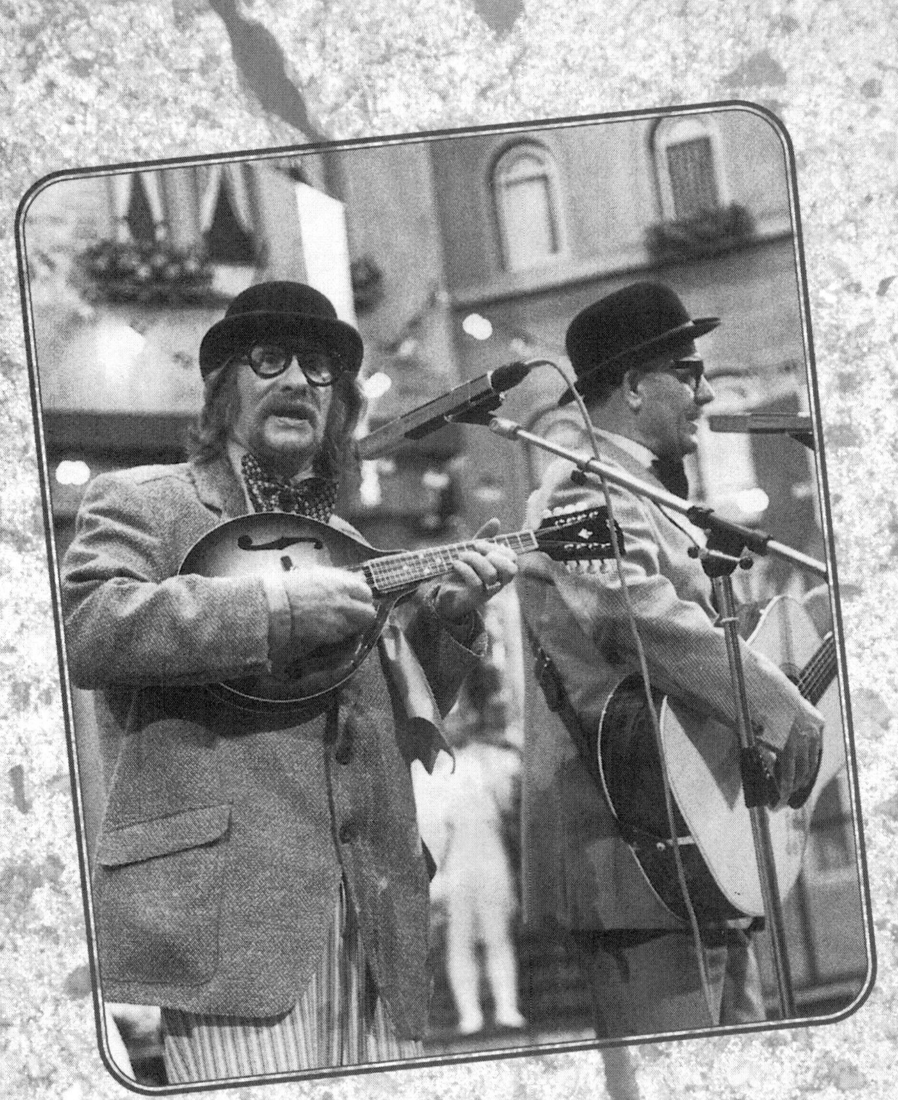

„Nie mih, du Ei!“

Das Ende eines genialen Duetts

> ❞ *WENN DE SO WAS zu zweit machst über so viele Jahre, musste voneinander alle Stärken und Schwächen kennen. Wir sind im Leben so gewesen wie auf der Bühne. Er wusste immer alles. Un ich tat nur so, als wenn ich alles wöss. Hä daach, er wör jet Besseres. Un ich kunnt dat Vürnemme dann op der Bühn verarsche. Un irjendwann jing et halt nit mih. Dat wor esu, wie dat och en mancher Ehe su läuft."*

Eine Stadt unter Schock: „Die Trennung ist ein Albtraum", „Jecken traurig", „Nie mih, du Ei!" titelten die Zeitungen. Sogar der damalige Oberbürgermeister Norbert Burger schaltete sich ein, ging es doch ganz offensichtlich um das Wohl und Wehe Kölns. Bereits drei Jahre vor der endgültigen Trennung konnte man erleben, welche Bedeutung das Colonia Duett für die Stadt hatte. Im Rückblick war ein Streit im März 1987 der Anfang vom Ende, auch wenn sich Hans Süper und Hans Zimmermann erst mal wieder versöhnten und in keiner öffentlichen Äußerung versäumten zu betonen, wie gut sie sich doch wieder verstehen würden. Insider wussten, was das Publikum im Saal nicht merkte: Die beiden vermischten längst ihren echten Streit mit dem scheinbar gespielten Knatsch auf der Bühne. Der Gegensatz der beiden Charaktere wurde immer größer, weil man sich immer weiter entzweite. „Am Anfang war das eine liebevolle Frotzelei zwischen den beiden", sagt Hans Zimmermanns Schwester Grete. Wenn man heute die Zusammenschnitte im Fernsehen dicht hintereinander sieht, könne man feststellen, dass die Dialoge der beiden im Laufe der Jahre „immer härter" geworden sind. Für die Zuschauer war das höchst amüsant, schließlich gehörte einfach dazu, dass der Kleine auf dem Großen herumhackt und ihn für seine Art verspottet. Der disziplinierte Zimmermann musste immer öfter auch den ernst gemeinten Spott wegstecken. „Das ist ihm sicher nicht leichtgefallen", meint seine Schwester. Mancher ahnte damals schon, dass das auf Dauer nicht funktionieren konnte. Insofern hielt sich unter Eingeweihten die Überraschung in Grenzen, als Süper seinem Partner im November 1990 tatsächlich die Zusammenarbeit mit den Worten „Ich kann nit mih, und ich will och nit mih" aufkündigte.

1987 waren die beiden in einer Weise aneinandergeraten, die keinen Zweifel mehr daran ließ, dass die Charaktere, die sie auf der Bühne darstellten, so ziemlich genau dem entsprachen, was sie jeweils auch privat auszeichnete. Süper war der Impulsive, Offene, Ungehobelte, einer der redete, wie ihm der Schnabel gewachsen war. Zimmermann dagegen war der Ruhige, der stets die Form wahrte und immer korrekt wirken wollte. Auslöser des öffentlich ausgetragenen Streits war ein am 1. März 1987 erschienenes Interview, in dem Hans Süper die Unkollegialität vieler Karnevalskollegen anprangerte. Er war damit unbedarft in die Falle des Boulevardjournalismus getappt. „Da gibt es Hass, das ist brutaler Konkurrenzkampf", hatte er berichtet. In der Zeitung las sich das als gnadenloser Rundumschlag, den der Express auch noch mit einer reißerischen Überschrift versah: „Karneval ist am Arsch".

Eigentlich ging es Süper nur darum, auf das schlechte Zeitmanagemet der Programmmacher hinzuweisen, unter dem das Colonia Duett mit seinem dichten Terminplan litt. Weil der nächste Auftritt nicht aufgeschoben werden konnte und sollte, Zimmermann und Süper zudem zu den absoluten Höhepunkten einer jeden Sitzung zählten, wurden immer wieder Bands und Künstler, die vor dem Colonia Duett dran waren, von der Bühne geholt oder gar nicht erst hochgelassen. Das passte natürlich vielen nicht. Was Süper auf die von Unprofessionalität geprägten und mit Neid bedachten Praktiken hinter der Bühne bezogen hatte, wurde zur zornigen Abrechnung hochstilisiert. „Dat hat ich su jar nit jemeint", sagt Süper heute. Doch als es gedruckt in der Zeitung stand, war es zu spät. In der Medienkonkurrenz war er um Schadensbegrenzung bemüht: Man habe ihn „fies reingelegt", sagte er der Kölnischen Rundschau. Aussagen seien falsch oder negativ wiedergegeben worden. Der Express hielt dagegen: Das Gespräch war auf einem Tonband mitgeschnitten worden.

Mit dem Zorn einiger Kollegen und Literaten hätte Süper sicher leben können, doch es kam schlimmer: Hans Zimmermann kündigte ihm einen Tag nach Veröffentlichung des Interviews die Partnerschaft. Alle abgeschlossenen Verträge wurden annulliert. Zimmermanns Frau Irmgard teilte den Zeitungen mit, ihr Mann habe sich so aufgeregt, dass er einen Herzanfall bekommen habe. „Das gehört sich nicht, da ist keine Grundlage mehr", zitierte sie der Kölner Stadt-Anzeiger. Klar wurde auch, dass das Interview und der damit verbundene Ärger nicht alleine für die Trennung verantwortlich waren: „Das Interview ist der Tropfen, der das Fass zum Überlaufen bringt", so Irmgard Zimmermann damals.

Süper, der ungern über die Streitigkeiten mit seinem Partner spricht, sagt im Rückblick: „Dä hat mich hänge looße." Zimmermann habe sich genau wie er über das geärgert, was hinter den Bühnen passierte. „Ävver als ich et ussjesproche hatte, wollt dä nix mih dovun wesse. Dä hätte zu mir halde müsse. Et jing doch um uns zwei." Die Sache mit dem Interview sei „en de Botz jejange". Beide schlossen eine weitere Zusammenarbeit aus. Doch schon drei Tage nach der Veröffentlichung des Interviews konnten die Kölner Zeitungen, die seitenweise über das Drama geschrieben hatten, die Versöhnung bekannt geben. Süper hatte ein Fernsehinterview in „Hier und Heute" genutzt, um sich bei Zimmermann sowie bei den attackierten Kollegen zu entschuldigen. „Wir werden uns näher stehen als je zuvor", versprach Süper. Die Stadt atmete auf. Im Mai spielte man in Neuss-Weckhoven in einem 1200-Mann-Zelt zum 60. Geburtstag des örtlichen Tambourcorps das erste Mal nach Trennung und Versöhnung wieder zusammen. Am Ende standen die Leute auf ihren Klappstühlen und der Reporter des Kölner Stadt-Anzeigers, der den weiten Weg für einen Bericht zur Lage an der Beziehungsfront im Colonia Duett angetreten hatte, zitierte tatsächlich Hans Zimmermann mit dem überraschenden Satz: „Wir hatten keinen Krach." Sein Kollege habe lediglich etwas „sehr Dummes gesagt". Sie würden weitermachen, bis der Misserfolg sie von den Bühnen zwinge.

Zweieinhalb Jahre später saß Hans Süper bei Hänneschen-Chef Heribert Malchers im Büro. „Ich halde dat nit mih us", habe er ihm gesagt. Es funktioniere auf der Bühne einfach nicht mehr. Zimmermann liefere nicht mehr die Stichworte, die er brauche. Einen Tag später erschien Hans Zimmermann im Theater am Eisenmarkt und klagte Malchers sein Leid: „Ich glaube, es klappt nicht mehr." Er bitte Süper, mit ihm zu proben, doch der komme einfach nicht. Trotzdem kam der Entschluss Süpers, die Zusammenarbeit aufzukündigen, für seinen Partner überraschend. Beim Fest zu dessen 70. Geburtstag hatte Hans Süper noch eine rührende Rede gehalten. Er hatte sich bei Hans Zimmermann bedankt. Dafür, dass er sein Talent entdeckt und ihn gefördert habe. An dem Abend wäre wohl keiner auf die Idee gekommen, dass das Ende des Colonia Duetts bevorstehen könnte. Auch Süper wollte damals eigentlich weitermachen, sagt er im Rückblick. „Dat wor alles ihrlich", kommentiert er seine Rede, doch die Ereignisse der folgenden Tage hätten ihn umgestimmt.

Das Warmspielen für die kommende Session lief nicht gut. Süper fühlte sich in seiner Einschätzung bestätigt, dass dem Colonia Duett nicht nur die Harmonie, sondern auch Lust und Energie abhandengekommen waren. „Ich bin fix und foxi. Bei mir kütt nix mih“, sagte er Freunden damals. Nach einem privaten Auftritt bei der damaligen Messe-Gastronomin Hertha Reiss Anfang November 1990 teilte Süper Zimmermann schließlich mit, dass es vorbei sei. Man vereinbarte, die für die Session abgeschlossenen Verträge noch zu erfüllen, allerdings nicht mit einem neuen Programm, sondern mit einem Querschnitt ihrer größten Erfolge. Öffentlich erklärten beide, „gute Freunde“ bleiben zu wollen. Doch das sind sie wegen der großen Gegensätze eigentlich nie gewesen.

In Wahrheit war die Trennung für Zimmermann so kurz nach seinem runden Geburtstag und seinem 45-jährigen Bühnenjubiläum ein herber Schlag. „Ich bin sehr enttäuscht und traurig“, gab er in der Rundschau offen zu. Er habe „Material für mindestens zehn weitere Jahre“. Grete Zimmermann meint, ihr Bruder sei nicht zornig, sondern gekränkt gewesen. Er habe immer mal ans Aufhören gedacht, doch dabei sei es um die Zukunft gegangen. So habe er die Idee gehabt, aus dem Duett für eine Übergangszeit ein Trio zu machen, sagt Zimmermanns Schwester. Süper hätte dann nach seinem altersbedingten Ausscheiden mit dem neuen, dritten Mann weitermachen können. Hans Süper wusste von diesen Überlegungen nichts und bezweifelt, ob sie wirklich ernst gemeint waren. In jedem Fall kam das Ende für Hans Zimmermann damals abrupt. Ihm blieb nur, sich mit Süpers Entschluss abzufinden. Wie schwer ihm das fiel, wurde daran deutlich, dass er Süper in Zeitungsinterviews gleich mehrere Vorwürfe machte und immer durchblicken ließ, dass Süper ohne ihn nichts geworden wäre. Er habe ihn entdeckt und aufgebaut, alle Texte geschrieben und sich um Verträge und Gagen gekümmert. Süper habe zudem „Raubbau mit seinem Körper“ getrieben, deshalb sei er nun „körperlich und seelisch gestresst“. Am Ende schob er noch eine Schuldzuweisung in Richtung Süpers Ehefrau hinterher. Helga Süper habe aus dem Duett ein Trio gemacht. Das wäre „eine zu viel“ gewesen. Später sagte er einmal, er habe Verträge für 1,7 Millionen Mark gehabt, die alle nicht mehr zustande kamen. „Ich war darauf eingestellt, dass ich bis 75 auf der Bühne stehe.“

Süper verkniff sich jeden Vorwurf an den Erfolgspartner. Weil er die Trennung vollzogen hatte, lag der Schwarze Peter ohnehin bei ihm. Auch heute sagt er, dass er keine schmutzige Wäsche waschen will. Er habe kein

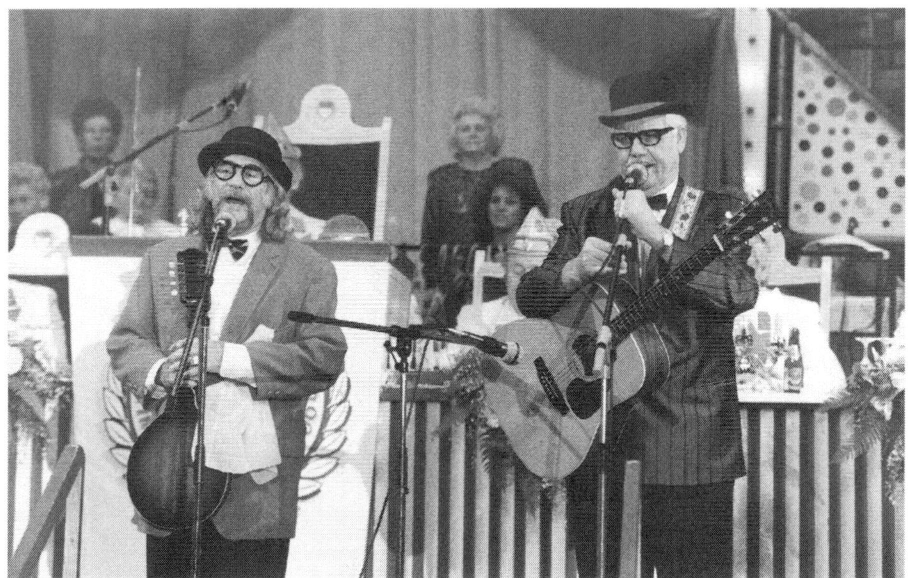

Einer der letzten Auftritte des Colonia Duetts im Januar 1991

Recht, schlecht über Hans Zimmermann zu reden. „Et wor ne schöne, ävver uch harte Zick. Ich kann mich nit beschwere. Ich han vill Jeld jekräje. Ävver et jing nit mih. Et passte nit mih. Die Chemie stimmte nit mih. Mehr will ich nicht sagen."

Süper und Zimmermann seien richtig „zerfetzt" gewesen, sagt Werner Keppel, der damals noch stillhalten musste, weil erst nach der Abschlusssession des Colonia Duetts bekannt werden durfte, dass er Süpers neuer Partner sein sollte. Öffentlich erklärte Hans Süper, er habe Angst davor, nicht mehr anzukommen. Das sei ihm auf die Leber geschlagen, „obwohl ich nie jet drinke". Der Funke sei nicht mehr zum Publikum übergesprungen. Er könne seine Fans doch nicht enttäuschen. Sicherlich wird das eine Rolle bei seinem Entschluss gespielt haben, doch den wahren Grund verschwieg er. Vielleicht hatte er aus den Erfahrungen nach seinem Interview drei Jahre zuvor gelernt. „Mer verstonn uns prächtig", schwindelte er in einem Gespräch mit der Kölnischen Rundschau. Was passiert, wenn man die Wahrheit sagt, hatte er noch gut in Erinnerung. So brachten die beiden ihre Abschlusssession tatsächlich mit Bravour und Professionalität zu Ende. Dieses Mal versuchte kein Oberbürgermeister oder Festkomitee-Präsident ernsthaft zu vermitteln.

Am Karnevalsdienstag, dem 12. Februar 1991, standen Hans Süper und Hans Zimmermann zum letzten Mal gemeinsam auf einer Sitzungsbühne. Fast eine Dreiviertelstunde spielten sie bei der Tafaba-Sitzung, dem traditionellen Sessionsabschluss der Taxifahrer, im Gürzenich. Natürlich war es kein „ganz normaler Auftritt", wie es sich Süper vorgenommen hatte. „Ich han nen decken Kloß em Hals", hatte Hans Zimmermann vorher einem Reporter gesagt. Noch einmal zeigte das Colonia Duett, wie einmalig es war. Nach einer letzten Zugabe sagte Sitzungspräsident Heinz Lersch: „Et wor schön, dat et üch üvverhaup jejovve hät." Ihren allerletzten Auftritt hatten die beiden im Juni bei der Lechenicher Narrenzunft in Erftstadt. Fast anderthalb Stunden begeisterte das Colonia Duett ein letztes Mal sein Publikum. Schweißgebadet und mit einem Tränchen im Auge umarmten sich die beiden nach dem Auftritt kurz. Hans Zimmermann verabschiedete sich für immer von der Karnevalsbühne. Nur außerhalb der Session griff er noch ab und zu zur Gitarre, wie bei seinem letzten Auftritt im Mai 1994 mit den Paveiern auf der Hänneschen-Kirmes am Eisenmarkt. Für Süper ging es mit seinem neuen Partner Werner Keppel weiter. Gleich am Tag nach dem Auftritt bei der Erftstädter Narrenzunft stellte er sein neues Projekt im Stapelhaus in der Altstadt vor.

In der öffentlichen Wahrnehmung war Süper Schuld am Ende des Colonia Duetts. Jahrelang versuchte er jede Session aufs Neue mit Qualität zu überzeugen und so gegen sein angeschlagenes Image anzukommen. Als Hans Zimmermann am 10. Dezember 1994 an Krebs starb, machte Hans Süper mit seiner Frau Urlaub auf Hawaii. Mancher fühlte sich in seinen Vorurteilen bestätigt, als „dat Ei" ohne die Begleitung seines langjährigen Partners zu Grabe getragen wurde. Süper habe den Mann, der ihn in den Karneval gebracht habe, fallen gelassen. So sah sich Hans Süper, als er zum Beginn der Auftrittssaison zurück nach Köln kam, genötigt, eine Anzeige in den Kölner Zeitungen zu schalten, die viel über ihn aussagt. Unter der Überschrift „Nachruf" stand: „Lieber Hans, 17 Jahre waren wir zusammen auf der Bühne erfolgreich, in Kritik meistens heiter, manchmal auch im Ernst. Doch eines hatten wir immer: unser Publikum. Wir sind eine lange Zeit zusammen alt geworden, ich danke Dir dafür. Es tut weh, Dich verloren zu haben und den letzten Weg nicht mit Dir gegangen zu sein, weil ich mich auf einem anderen Kontinent befand und unerreichbar war. Ich werde Deinen letzten Weg jetzt alleine gehen – in Gedanken bei Dir. Dinge Hans Süper."

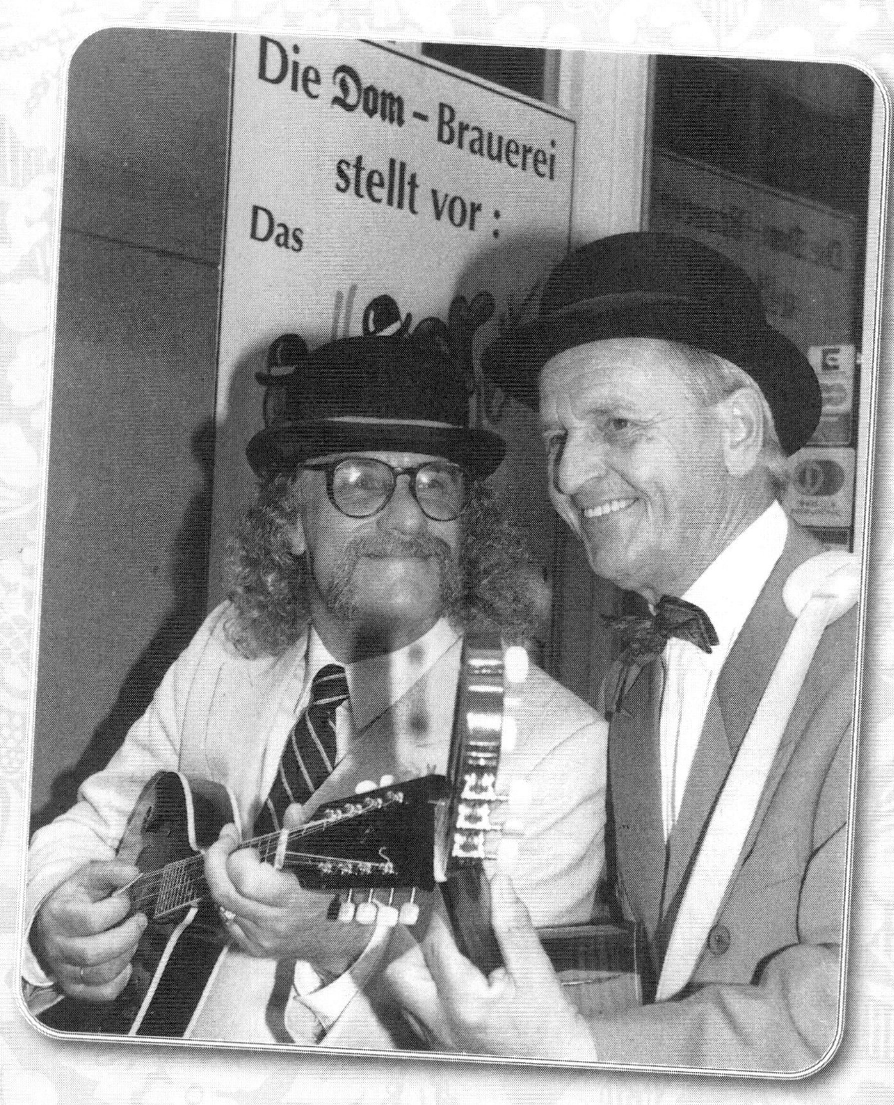

Kein Unterschied, nur anders

Das Süper Duett

„DER KARNEVAL hat sich verändert. Die Leute zu unterhalten, war damals einfacher. Du kriss dr Fastelovend nit kapott, ävver et es nit mih esu wie fröher. Karneval es e Jeschäff. Für die kleinen Vereine wird es schwer. Un dann es er lauter jewoode, vill lauter, elektronisch un met jet Playback dozwesche. Do kumme sechs Mann op de Bühn, baue ihre Kleiderschränke op und frage ‚Wo es de Steckdos?' Alles jot, ävver ze laut."

Der Anfang war hart für das Süper Duett. Hans Süper musste gegen das gnadenlose Urteil der Karnevalisten ankämpfen, der alleinige Schuldige für das Ende des Colonia Duetts zu sein. Für den neuen Partner Werner Keppel wurde es doppelt schwer: Er musste nicht nur gegen das angekratzte Image Süpers mitanspielen, sondern wurde selbst permanent mit Hans Zimmermann verglichen, der in den kommenden Jahren immer wieder demonstrativ die Säle verließ, wenn das Süper Duett auftrat. Hinzu kamen schwere handwerkliche Fehler des Karnevalsprofis Süper, der sich offensichtlich keinerlei Gedanken darüber gemacht hatte, wie man Keppel auf der Bühne etablieren könnte. Süper sagt, er habe nie eine Kopie des Colonia Duetts machen wollen. Tatsächlich wurde es aber so wahrgenommen. „Manchmal war es so ähnlich, dass man dachte, mein Bruder steht da", sagt Grete Zimmermann. Süper wollte das Erfolgskonzept des Colonia Duetts kopieren, ohne eine Kopie zu sein. Es sollte weitergehen wie all die Jahre zuvor – nur ohne Dauerstreit und Knatsch. Er wollte „mit einem neuen Ei in die Säle", so formulierte zumindest der Kölner Stadt-Anzeiger die Überschrift eines Artikels über den Start des Süper Duetts.

Für Keppel wurde keine neue Rolle entwickelt, statt wie eine eigene Type wirkte er tatsächlich wie ein zweiter Zimmermann. Sogar einen Hut hatte er auf dem Kopf – nur eine Kleinigkeit, aber die zeigt doch, wie wenig Gedanken man sich über eine mögliche Abgrenzung vom Colonia Duett gemacht hatte. „Das war alles zu ähnlich", weiß Keppel heute. „Wir haben Fehler gemacht", sagte auch Süper 1996 in einem Zeitungsinterview. Wie eine neue Type hätte aussehen müssen, lässt sich im Rückblick schwer sagen. Hänneschen-Chef Malchers meint sogar, Süper hätte eigentlich nur eine einzige Chance gehabt, etwas Neues zu machen, was nicht mit dem Colonia Duett verglichen worden wäre: Er hätte mit einer Frau auf die Bühne gehen müssen.

„Du schrievs, ich verkaufe", war die einzige Vorgabe, die Hans Süper Werner Keppel gemacht hatte. Für einen Neustart war das zu wenig, wie die beiden bald schmerzhaft erfahren mussten. Völlig überstürzt ließen sie sich von ihrem Brauerei-Sponsor im Juni 1991 zu einer Präsentation im Stapelhaus schicken. Agenten, Literaten, Journalisten, Politiker und Promis warteten gespannt auf ein paar Appetithäppchen, die Lust auf mehr machen sollten. Doch das Süper Duett hatte überhaupt noch kein Programm. Sie spielten ein uraltes Liedchen, das Vater Süper für die Vier Botze geschrieben hatte, und probierten zwei Stücke, die noch nicht ausgereift waren. Süper hatte sich damals in der Zeitung noch damit zitieren lassen, dass die Premiere doch „ganz ordentlich" gelaufen sei. Später nannte er den Abend selbst den „R(h)einfall von Schaffhausen".

Kaum ein Unterschied: Autogrammkarten des Colonia Duetts und des Süper Duetts

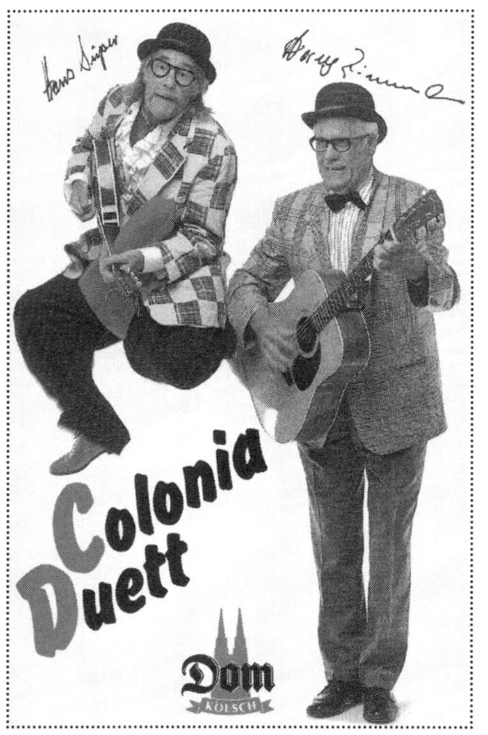

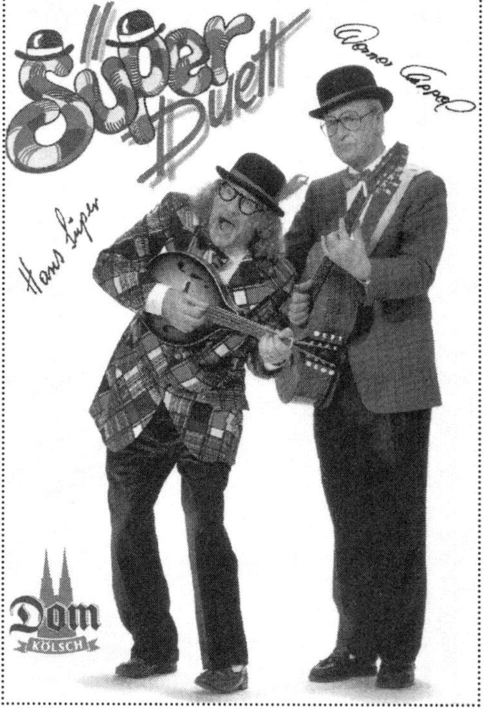

Auch der erste richtige Auftritt war nicht besser. Als die beiden vier Monate nach der enttäuschenden Präsentation bei einer Veranstaltung zum 40-jährigen Bestehen des Fußballvereins Eintracht Köln im Ostermann-Saal im Sartory auftraten, kamen sie gar nicht gut an. „Do stundt nur minge Name op dr Bühn, sonst nix“, erinnert sich Süper. „Dat wor su schlääch. Da hätts de kein fünf Mark für jejevve.“ Entsprechend war die Resonanz in den Zeitungen: „Noch mangelhaft“ titelte der Kölner Stadt-Anzeiger, der schlicht Werner Keppel die Schuld am schlechten Auftritt gab. Da habe statt des „erfahrenen Expartners Hans Zimmermann nun ein noch leicht unsicherer Mitspieler zur Seite“ gestanden. Im Express hieß es: „Das Süper Duett muss noch üben.“

„Die Leute haben immerzu auf das Ei gewartet. Aber das kam nicht“, sagt Keppel. Stattdessen gab es weiter böse Zeitungskritiken, selbst an Abenden, an denen es bombig lief. „Wir haben richtig kämpfen müssen“, sagt Süper. „Der Werner hat vill metjemaht un vill jelitte.“ Man habe kein gutes Haar an ihm gelassen, resümiert Keppel, dem vor allem der Umgang mit den Kölner Medien schwerfiel. „Mann ohne Gesicht“ wurde er da genannt und dazu auf einem Foto nur von hinten gezeigt.

Er erinnert sich schmerzhaft an den Tag nach einem gelungenen Auftritt. „Wir hatten den Saal abgerissen, mussten mehrere Zugaben spielen. Die Leute waren völlig begeistert.“ Im Foyer habe er dann einen Redakteur der Bild-Zeitung getroffen, der ihm versichert habe, einen „schönen Artikel“ über den Auftritt schreiben zu wollen. Als er am nächsten Tag die Zeitung aufschlug, stand da: „Das Süper Duett, die Langweiler.“ „Da habe ich geweint.“ Werner Keppel und Hans Zimmermann haben übrigens nie miteinander gesprochen. „Mir war das peinlich, dass wir überhaupt keinen Kontakt hatten“, sagt Keppel. Möglichkeiten gab es durchaus. Zimmermann habe ihn aber einfach ignoriert. „Er hat mir leidgetan. Es war ein komisches Gefühl, das man schwer beschreiben kann. Ich hatte ihm ja nix weggenommen.“

Die meisten großen Karnevalsgesellschaften buchten Süpers neues Duett erst gar nicht. „Die warten ab, bis wir was bringen“, zeigte er damals durchaus Verständnis. Es ist jedoch kein Geheimnis, dass er darüber sehr enttäuscht war. Die Schuld gab er der „Literaten-Mafia“. „Die entscheidet, wer in Köln groß oder klein ist“, sagte er 1992 in einem Zeitungsinterview. Ein Mitglied des Stammtischs der Sitzungsprogrammgestalter habe ihm sogar gedroht, dass Süper Duett so lange nicht mehr auftreten zu lassen,

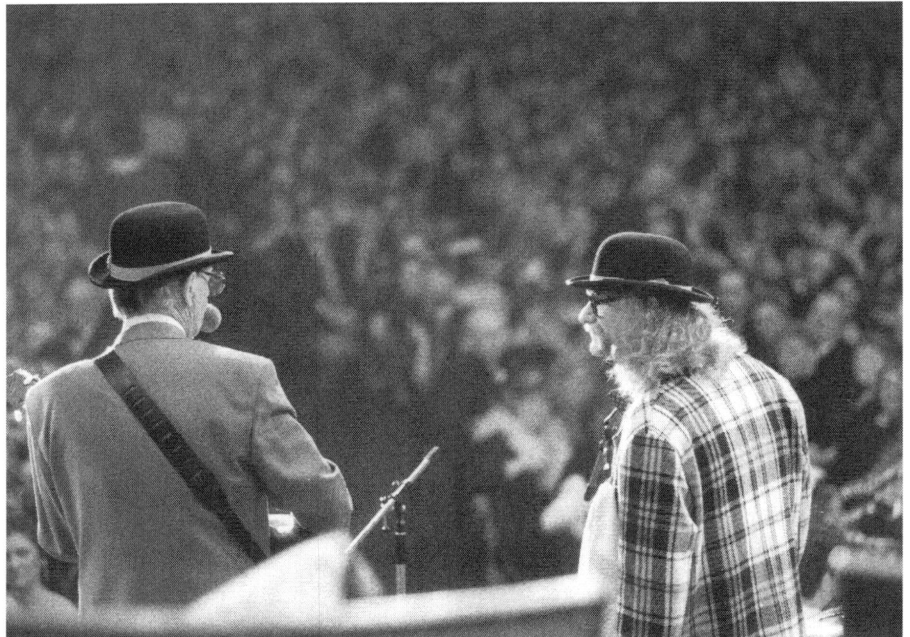

Als „Mann ohne Gesicht“ stellte die Kölner Presse Werner Keppel in den Anfangszeiten dar

wie er mit Keppel zusammen spiele. Mit der öffentlichen Kritik an den Mächtigen, die im Sitzungskarneval die Auftrittsplätze und somit das Geld verteilen, hatte Süper es sich nicht unbedingt leichter gemacht, wieder Fuß in der Stadt zu fassen.

Dennoch war der Terminkalender des Süper Duetts voll. Wie ein Karnevalsneuling ging der große Karnevalist Hans Süper auf Ochsentour durchs Kölner Umland. Und kam riesig an. Schon in der Session 1992/93 standen in den Sälen schon wieder die Jecken auf den Stühlen. In den Sälen der Stadt erlebten das zunächst nur wenige. Süper sagte 1992: „Ich vermisse das kölsche Publikum, das mich zu dem gemacht hat, was ich heute bin. Natürlich wäre es schön, wieder in Köln richtig reinzukommen. Aber dafür gehe ich nicht bei der Literaten-Mafia betteln.“ Die Macher der Fernsehsitzung hielten ihm hingegen weiterhin die Treue, doch das Süper Duett sagte die Teilnahme ab. Für die beiden Aufzeichnungstermine hätten sie sechs andere Auftritte platzen lassen müssen.

Es hat gedauert, bis Süper und Keppel zum „perfekten Paar“, wie Keppel sie später einschätzte, wurden. Noch länger dauerte es, bis das in Köln angemessen gewürdigt wurde. Erst im Januar 1996 schrieb Peter Limbach, Karnevalsreporter des Kölner Stadt-Anzeigers: „Hans Süper erobert die Stadt zurück." Anlass war die Aufzeichnung der RTL-Fernsehsitzung der Prinzengarde, eine der wenigen wichtigen Karnevalsgesellschaften, die Süper auch in den vergangenen Jahren immer wieder gebucht hatten. Limbach berichtete tatsächlich vom „Comeback im Kölner Karneval", so als ob Süper fünf Jahre ganz von der Bildfläche verschwunden gewesen wäre. Jetzt gehörte das Süper Duett wieder zu den absoluten Spitzenkräften des Kölner Karnevals.

Werner Keppel war ein Vollblutmusiker. Nach dem Krieg spielte der 1932 geborene Dellbrücker und Spross einer hochmusikalischen Familie zusammen mit seinem Vater in Kapellen zum Tanz oder zum Sitzungskarneval. 1952 nahm der gelernte Konzertgitarrist das erste Profi-Engagement in einer Unterhaltungskapelle in Braunschweig an. Danach war Werner Keppel in ganz Deutschland unterwegs, machte mit dem Keppel-Quintett Swing und spielte in Kabarett- und Varietétheatern wie dem „Kaiserhof" am Hohenzollernring. 1967 war er die unstete Tingelei als Berufsmusiker leid und ließ sich in der Verwaltung der Bundeswehr in Wahn anstellen. Die Musik sollte nur noch Hobby sein. Im Karneval versuchte er es mit den Drei Schluffe. Doch das Trio – mit klassischer Besetzung Gitarre, Akkordeon und Kontrabass – schaffte es nicht in die oberste Liga der Sitzungskarnevalisten. Man setzte im Laufe der Jahre mehr und mehr auf schlüpfrige Texte, „op sauige Leeder", wie Süper es nennt. Keppel, der selbst angefangen hatte, kölsche Texte zu schreiben, fühlte sich immer unwohler, sodass er 1989 bei den Drei Schluffe ausstieg.

Ein halbes Jahr später traf er im Foyer des Sartory beim Vorstellabend vom „Kreis Kölner Karnevalisten" den Kollegen Hans Süper wieder – aufgekratzt, frustriert und entnervt. „Mer hatte en Auftritt in den Clouth-Werken", erinnert sich Süper an den Anfang vom endgültigen Ende des Colonia Duetts. „Da stimmte et hingen un vürren nit. Irjendjet wor passeet. Ich wor su fäädich, dat ich jesaht han: Ich han kein Loss mih." So sei er im Sartory angekommen, habe Werner Keppel getroffen und ihn gleich gefragt: „Mähs do met mir?" „Ich dachte, der wollte mich verarschen", berichtet der. Den ganzen Abend hätten sie zusammengesessen. Keppel bat um ein paar Tage Bedenkzeit. „Kannst du das denn überhaupt, ein Zwiegespräch?", habe ihn seine Frau gefragt, als er sie noch mitten in der Nacht mit den überraschenden neuen Möglichkeiten konfrontiert habe.

Keppel meint, die Nachricht vom neuen Duett sei in der Karnevalsszene schon rum gewesen, bevor er sich selbst im Klaren gewesen sei, ob er sich darauf überhaupt einlassen wolle. Als er Süper zugesagt habe, stand sofort fest, dass es gleich nach der Abschlusssession des Colonia Duetts ohne Pause mit ihm weitergehen sollte. Das habe Süper auch Zimmermann so gesagt. Umso überraschender ist im Rückblick, wie lange die Kölner

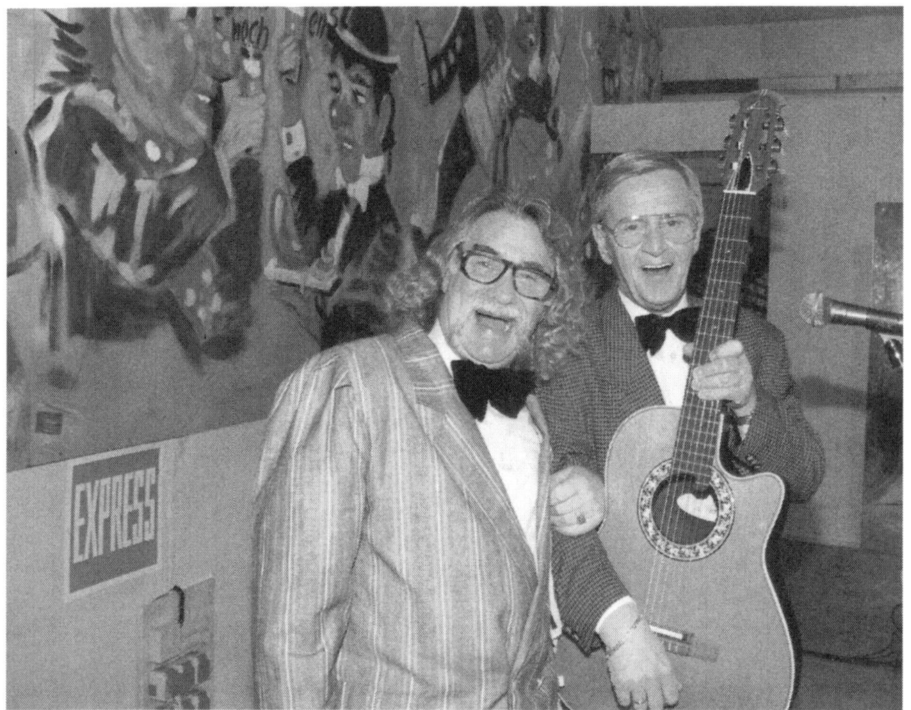

In den ersten Jahren gezwungenermaßen auch auf kleinen Bühnen unterwegs: das Süper Duett

Medien im Nebel herumstocherten und Ende 1990, Anfang 1991 über Süpers Zukunft spekulierten. Es hieß, er mache jetzt nur noch Jazzmusik oder wolle in einem Trio, den Drei Schrammel, außerhalb des Karnevals spielen. Süper sorgte selbst dafür, dass den Boulevardzeitungen der Stoff nicht ausging. So soll er im November 1990 gesagt haben, er bräuchte eine längere Karnevalspause und wolle als Zählerableser zurück zur GEW. Und er werde jetzt lieber „Musik als Clownereien machen“. Nur einen Monat später verkündete er dann selbst im Express, dass er auf der Suche nach einem neuen Partner sei. Viele hätten sich beworben, er wolle sich nun mit allen zusammensetzen. „Alles Fans von mir, die schon lange davon träumen, mal mit mir auf die Bühne zu gehen", ließ er sich im Kölner Stadt-Anzeiger zitieren. Dieser belehrte ihn auch gleich, dass er sich „Dom Duett" als neuen Namen für das geplante Karnevalsprojekt wohl „abschminken" müsse. Den gab es nämlich schon. Erst an Weiberfastnacht, dem 7. Februar 1991, verkündet der Express: „Perfekt! Das Süper Duett".

Süper ahnte, dass schwere Zeiten bevorstanden. Es gibt kein Interview, in dem er nicht an sein Publikum appellierte. Als Colonia Duett habe man auch Jahre gebraucht, um sich einzuspielen und an die Spitze zu gelangen. „Ob wir so viel erreichen, ist eine schwere Frage", zitiert ihn die Kölnische Rundschau im Juni 1991 bei einem Probenbesuch der beiden. „Den Leuten kannst du nix vormachen, die merken, ob du mit dem Herzen spielst oder nur für Geld. Den Funken kannst du nicht kaufen, vielleicht – vielleicht! – erwerben." Keppel hatte zu diesem Zeitpunkt ein ganz anderes Problem: „Bei däm kunnt ich nit ääns blieve." Eine große Hürde, denn vom Gegensatz zwischen dem wibbeligen Jeck Süper und dem drögen, ruhigen Keppel sollte auch das Süper Duett leben. Da ist Ernstbleiben eine Grundvoraussetzung. Es brauchte auch etwas Zeit, bis Keppel einen Umgang mit Süpers Spontanität gefunden hatte. „Hans ist ein Wibbelstätz, der spontan Gags einbaut", sagte Keppel, den Süper „minge kleine verrückte Professor" nennt, 1996 der Rundschau. Da habe er sich erst drauf einstellen müssen. „Früher musste ich auf der Bühne lachen und verlor des Öfteren den Faden", gab er selbstkritisch zu.

Fragt man Hans Süper nach dem, was das Süper Duett vom Colonia Duett unterschieden hat, gibt er eine sehr treffende Antwort: „Für mich war's kein Unterschied, nur anders." Das neue Duo lebte weiter von der Komik des Hans Süper. Die Mischung aus Sketchen und Musik blieb ebenfalls gleich, auch wenn Süper meint, als Colonia Duett habe man ein bisschen mehr gesungen. Keppel sang eine Oktav tiefer als Zimmermann. Das „Ei" wurde ersatzlos gestrichen und die Umgangsform im Zwiegespräch ein wenig freundlicher. Der Gegensatz zwischen den beiden war nicht ganz so groß, die Reibungsfläche kleiner. Auch die Rahmenbedingungen veränderten sich. Weil der Sitzungskarneval permanent lauter wurde, sei es immer schwerer geworden, mit Zwiegesprächen Aufmerksamkeit zu gewinnen. „Oft war der Saal unruhig, wenn wir auftraten, weil vor uns eine Band gespielt hatte. Da musste man erst mal ein paar Minuten kämpfen", sagt Keppel.

Ein weiterer Unterschied kam ganz von allein: Die Einzigartigkeit und Originalität des Süper Duetts war verbunden mit dem Älterwerden der beiden Protagonisten. Ende der 1990er-Jahre standen zwei große, alte Männer des Karnevals auf der Bühne, zwei Spezies einer aussterbenden Art, zwei Originale im Fastelovendseinerlei. Im Rückblick wirkt das Süper Duett deutlich langsamer als das Colonia Duett. Süper ist nicht mehr so aufgedreht, Keppel nicht der schnelle Stichwortgeber wie Zimmermann. Inmitten der austauschbaren Programmnummern des neuen lauten Karnevals zelebrierten die beiden Entschleunigung und zeigten, dass es eben auch anders geht. „Mer maache jään vill Blödsinn – met Hätz un met Verstand", hieß es im Mottolied der beiden. Viele singen Ähnliches, doch hier ist es wahr. Süper musste altersbedingt seinen „Köpereinsatz" ein wenig zurückfahren. Doch das machte er mit manchem gereiften Mandolinensolo wett. Für ein paar Augenblicke war auch im Sitzungskarneval immer wieder mal zu hören, was die beiden bei einem viel beachteten, im Fernsehen gezeigten Konzert außerhalb des Karnevals im Club Subway zeigten: „Mer han ne schöne Jazz jemaht", erinnert sich Süper.

Keppel schrieb herrliche Geschichten für die Karnevalsbühnen, die meist an Erlebtes anknüpften. Die Idee zum „Swimmingpool em Jade" sei ihm eines Tages gekommen, als er alleine in seinem Garten in Lindlar gesessen habe, berichtet Keppel. Da habe er sich gedacht: „Do fählt jet en dr Wis." Mit einem Spaten habe er dann die Maße eines kleinen Pools abgesteckt, im Baumarkt eine Plane gekauft und mit dem Ausheben angefangen. Die großartige „Feuerquall" geht zurück auf eine Begebenheit am spanischen Strand, wo ein Bekannter plötzlich eine Feuerqualle in der Badehose hatte. Auch die Sketche spielten mit Geschichten aus dem eigenen Alltag: Keppels Leidenschaft für den Modellflug wurde die Vorlage zu einem herrlichen Blödsinn darüber, wie man einen fliegen lässt und mit einer Fernsteuerung wieder zurückholt.

Das ganze Jahr über lief Keppel mit Block und Bleistift durch die Gegend, um Einfälle zu notieren. Selbst neben dem Bett lag ein Blöckchen parat, damit ja nichts vergessen wurde. Süper wartete lediglich auf die Vorlagen des Partners, um sie dann auf der Bühne zu „verkaufen". „Einmal rief er aus Spanien an und meinte: Ich kumm nächste Woch zerück, häs de dat Programm fäädich?" Keppel erzählt das völlig ohne Groll und mit viel Respekt. Wenn Süper von seinen monatelangen Auszeiten, die er sich im Sommer regelmäßig in Spanien nahm, zurück war, probten die beiden die neuen Lieder in Keppels Hobbykeller. Mit einem alten Stereo-Radiorekorder nahmen sie alles auf, um die Stücke weiterentwickeln zu können. Für den Vortrag zwischen den Liedern sprachen sie nur einen roten Faden und die Pointe ab, aber nichts – wenn man den beiden glauben mag – wurde auswendig gelernt. „Das konnte man nicht einstudieren“, so Keppel.

Die Rollenverteilung im Süper Duett war klar. Erfolg hatte die gemeinsame Präsentation vor allem durch Süper, den kleinen Verkäufer mit der Flitsch. Und so schrieb Werner Keppel über all seine Lieder bei der GEMA-Anmeldung hinter „Text und Musik“ nicht nur seinen Namen, sondern immer auch Hans Süper, obwohl dieser keine einzige Note oder Textzeile beigesteuert hatte. Für Keppel war das eine Selbstverständlichkeit und Ausdruck von Kameradschaft. „Alles wurde geteilt.“ Ohne Süper hätte keine seiner Ideen so viel Spaß gemacht. „Hans Süper ist für mich der größte Karnevalist und Spontankomiker aller Zeiten“, sagt Keppel

„Mer maache jään vill Blödsinn – met Hätz un met Verstand“

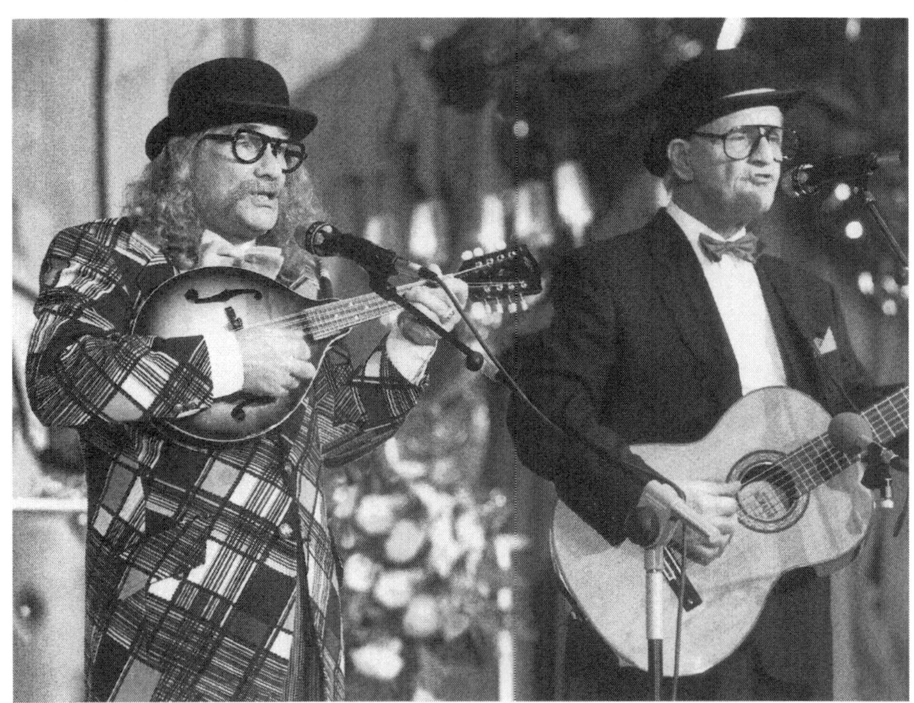

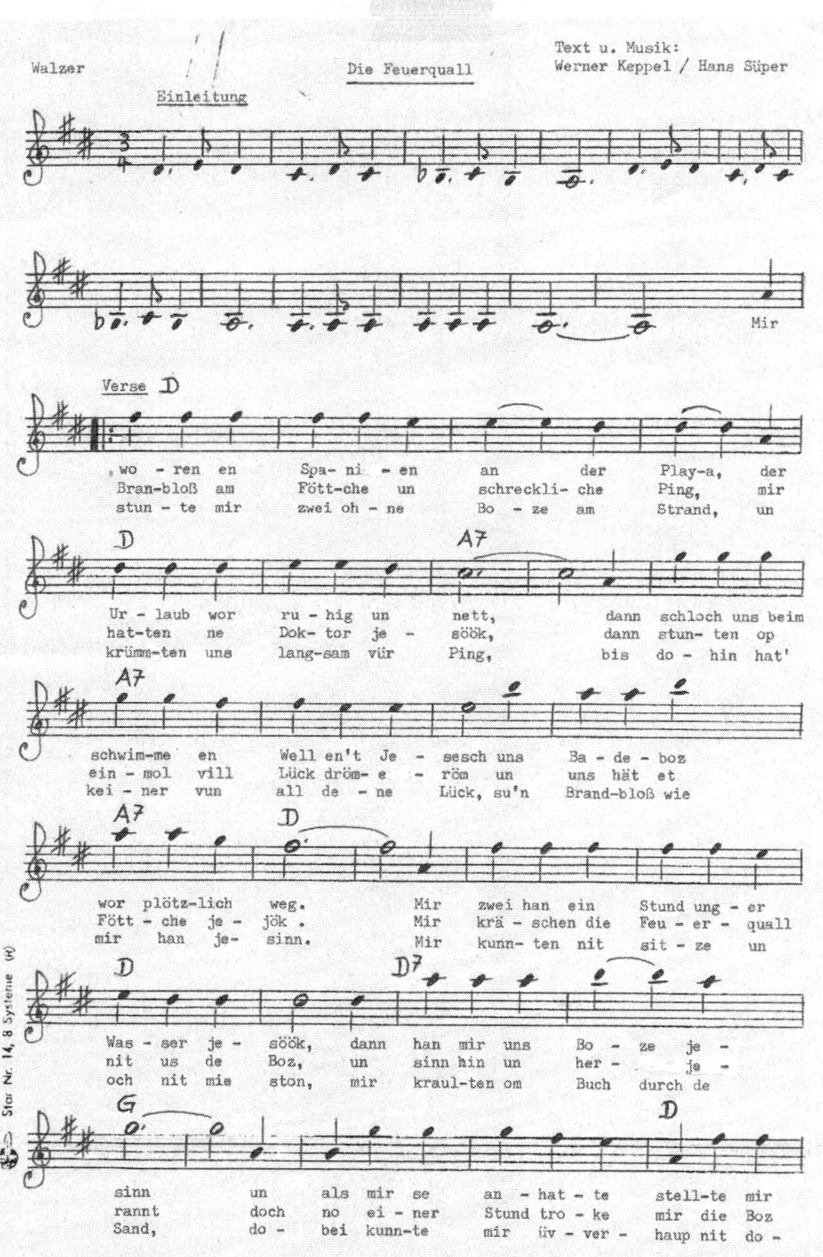

Von Werner Keppel selbst geschrieben und getippt: Originalnotenblatt und Text zur „Feuerquall"

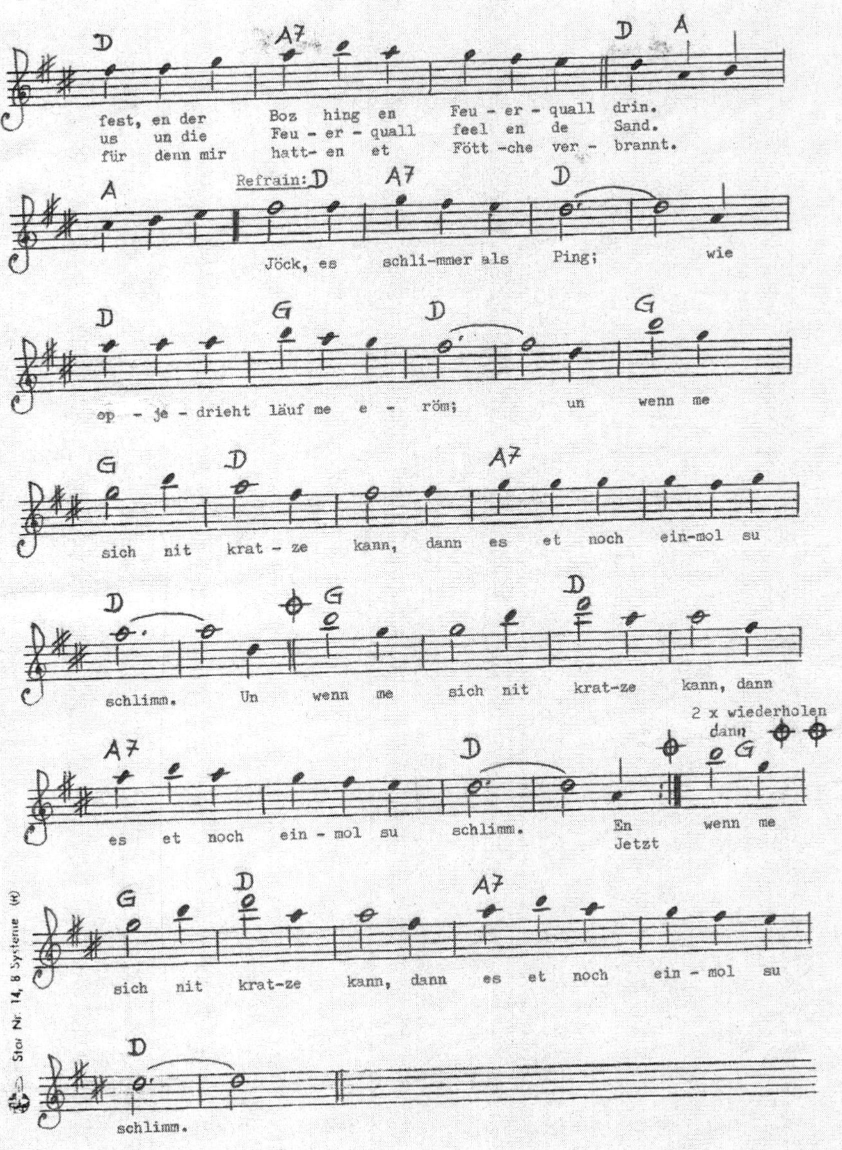
D A7 D A
fest, en der Boz hing en Feu - er - quall drin.
us un die Feu - er - quall feel en de Sand.
für denn mir hatt- en et Fött -che ver - brannt.
A Refrain: D A7 D
Jöck, es schli-mmer als Ping; wie
D G D G
op - je - drieht läuf me e - röm; un wenn me
G D A7
sich nit krat - ze kann, dann es et noch ein-mol su
D G D
schlimm. Un wenn me sich nit krat-ze kann, dann
2 x wiederholen
dann
A7 D G
es et noch ein - mol su schlimm. En wenn me
Jetzt
G D A7
sich nit krat-ze kann, dann es et noch ein - mol su
D
schlimm.

auch noch zehn Jahre nach dem Abschied von der Bühne. Der Weg zurück an die Spitze im Kölner Karneval war nicht einfach, doch Beharrlichkeit, Fleiß und Können zahlten sich aus.

Das Süper Duett hatte genau wie das Colonia Duett Fans in ganz Deutschland. Doch wenn Köln oder das Rheinland als Bezugspunkte wegfielen, konnte es durchaus auch schon mal schwer werden. So wurden sie einmal von einem Fan und Medizinprofessor mit einer sehr guten Gage zu einem Gastspiel auf ein Schiff nach Bremen gelockt. Doch als sie der Gastgeber nach einer stundenlangen Schlagerparty mitten auf die Tanzfläche stellte, wollte ihnen keiner mehr zuhören. Süper und Keppel brachen den Auftritt ab, worauf „der Professor" die Gage drücken wollte. Das wollte Süper nicht akzeptieren, was er dem Mann mit der Erklärung: „Wenn Ihnen einer unterm Messer stirbt, nehmen Sie doch auch nicht weniger Geld" deutlich gemacht haben will. Den Ort des Grauens verließen sie mit den Worten: „Bremen muss avbrenne!" In Köln lief das anders. Legendär ist ein Abend bei der Prinzen-Garde im Martim. Bei der Sitzung war es zu einem einmaligen Gipfeltreffen gekommen. Bläck Fööss, Höhner und Paveier spielten gemeinsam auf der Bühne. Das Publikum war außer sich. Hinter der Bühne sollen sich daraufhin mehrere gestandene Karnevalisten geweigert haben, nach dieser Nummer aufzutreten. Hans Süper erinnert sich gut: Das Süper Duett traute sich, „un dann han mer dä Saal avjerisse".

Trotz des Erfolges dachten beide bereits im Jahr 2000 ans Aufhören. Süper freute sich auf die Karnevalsrente, der vier Jahre ältere Keppel wollte sich um seine kranke Frau kümmern, die er nicht mehr alleine lassen wollte. Im Gegensatz zum Colonia Duett gab es keinen Streit, man beschloss einvernehmlich, sich von der Bühne zu verabschieden. Die Karnevalsgesellschaften überredeten das Süper Duett jedoch dazu, noch eine letzte Session dranzuhängen. Die beiden sagten für 100 letzte Auftritte zu, strichen Herren- und Damensitzungen genau wie Zeltveranstaltungen aus ihrem Kalender. Denn da floss ihnen zu viel Alkohol, Süper wollte nicht mehr um das Publikum kämpfen müssen, so wie er das viele Jahre immer wieder aufs Neue gemacht hatte. Jedoch brachten sie ihre Abschlusssession nicht mehr zu Ende. Tausende Auftritte in über 25 Jahren forderten jetzt ihren Tribut. Hans Süper wurde krank und musste ins Krankenhaus. Ein Auftritt im Ostermann-Saal 2001 im Sartory – dort,

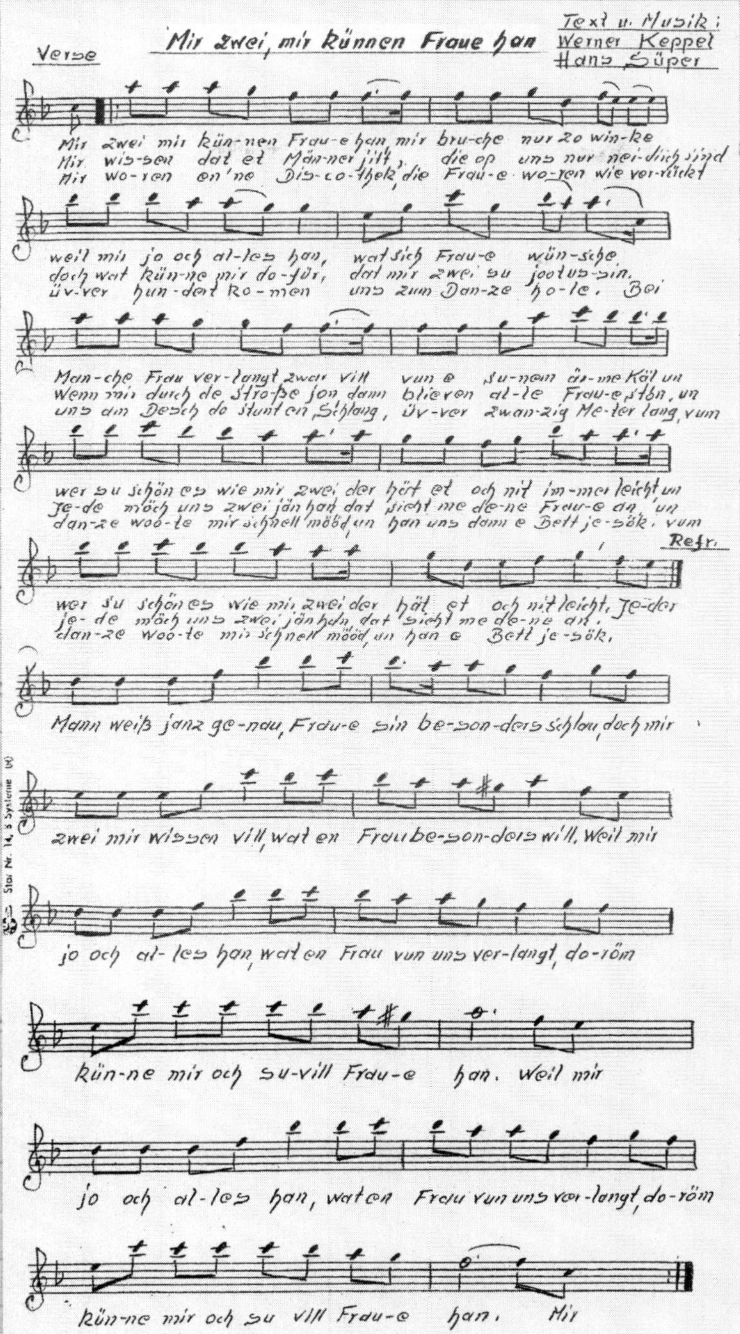

Obwohl von Werner Keppel geschrieben, angemeldeter Verfasser der Süper-Duett-Stücke ist immer auch Hans Süper

wo das Süper Duett 1991 erstmals auf einer großen Bühne gestanden hatte – musste abgebrochen werden, weitere Termine wurden abgesagt. Es habe Süper auf der Zielgeraden aus den Pantinen gehauen, schrieb der Kölner Stadt-Anzeiger. Als ihn der Karnevalsreporter der Kölnischen Rundschau fragte, ob er nicht doch weitermachen wolle, hob er zur Antwort sein Glas mit heißem Tee in die Höhe. „Luur", sagte er. Das Glas tanzte auf dem Unterteller. Diesen Stress schaffte er nicht mehr.

Der WDR und seine Big Band um Mike Herting gewannen die beiden noch einmal für die Musikshow „Kölsch am Broadway", die Swing-Arrangements mit kölschen Liedern sowie Texten verband und die im Großen Sendesaal im Funkhaus am Wallrafplatz aufgezeichnet wurde. Im Oktober 2001 organisierte der Sender dann im Gürzenich eine Abschiedsgala für den kölschen Komödianten. Leider war das Programm der Show im „Wetten, dass ...?"-Format zu überladen – mit Big Band, kölschen Größen und Schlagersängern, Video-Grußbotschaften und unzähligen weiteren Gästen, von denen selbst Hans Süper nicht wusste, was die alle mit ihm zu tun haben sollten. Man darf annehmen, dass es nicht die ursprüngliche Absicht der Programmmacher war, durch diese

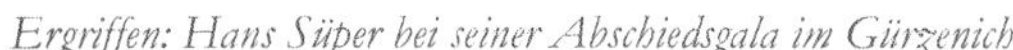

Ergriffen: Hans Süper bei seiner Abschiedsgala im Gürzenich

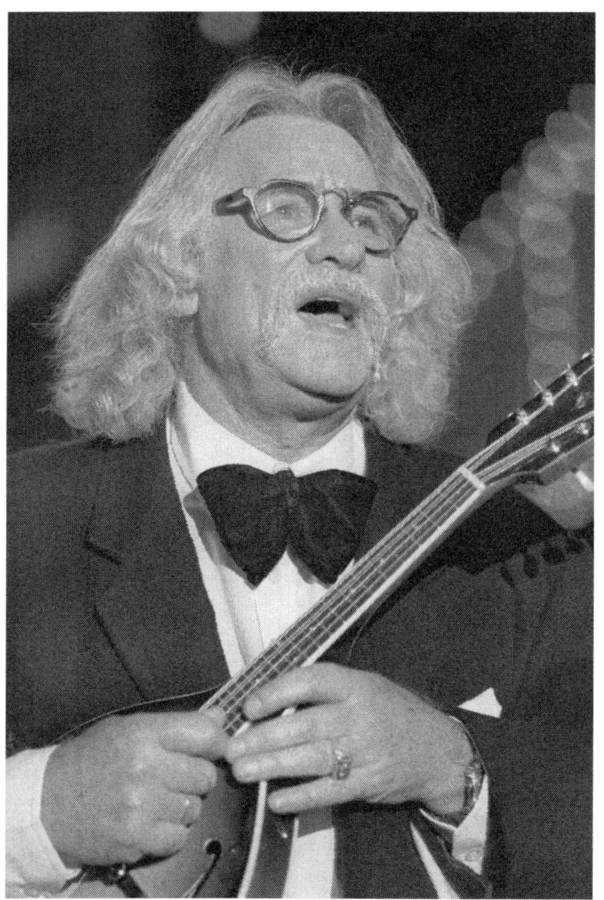

Gegensätze den Unterschied von Masse und Klasse vorzuführen, aber genau das tat dieser Abend. Das Süper Duett präsentierte noch einmal das Beste der letzten Jahre und zeigte: Das Einfache ist das Große. Das Leise ist das Einprägsamste, die kleine kölsche Geschichte das Lustigste. Ähnlich wie bei den wenigen Auftritten, die Süper in den kommenden Jahren danach alleine bestreiten würde, machten die beiden noch einmal deutlich, worin die einmalige Klasse ihrer Art des Vortragens lag: Obwohl fast alle Pointen bekannt waren und eigentlich immer klar war, wohin eine Geschichte steuerte, hatte das Publikum im Saal und vor den Fernsehbildschirmen seinen Spaß. Der Umgang mit Tempo, Mimik und Gestik, die kleine Improvisation, die für Überraschungen sorgt, die Virtuosität des Unterhalters und Musikers Hans Süper, das Gefühl für den Moment wie für das Publikum – all das war und ist einmalig.

Das Süper Duett war ein Höhepunkt der Gala, der nur noch von einem Programmpunkt übertroffen wurde: Am Ende der Show saß Hans Süper ganz allein an der Bühnenkante, um „Ich ben ne Kölsche Jung“ von Fritz Weber zu singen. Simpler ging es nicht mehr. Mike Herting hatte Süper überredet, sich endlich mal an diese Hymne heranzuwagen. Er verzichtete auf jede Begleitung, Süper musste ganz alleine durch das Lied, vor dem er so viel Respekt hatte. Am Ende summte er nur noch, weil ihm die Stimme versagte. Als er Jahre später diesen Ausschnitt noch einmal auf einem Computerbildschirm sah, musste er über den eigenen Auftritt ein Tränchen verdrücken. „Dat wor Emotion pur, oder?“

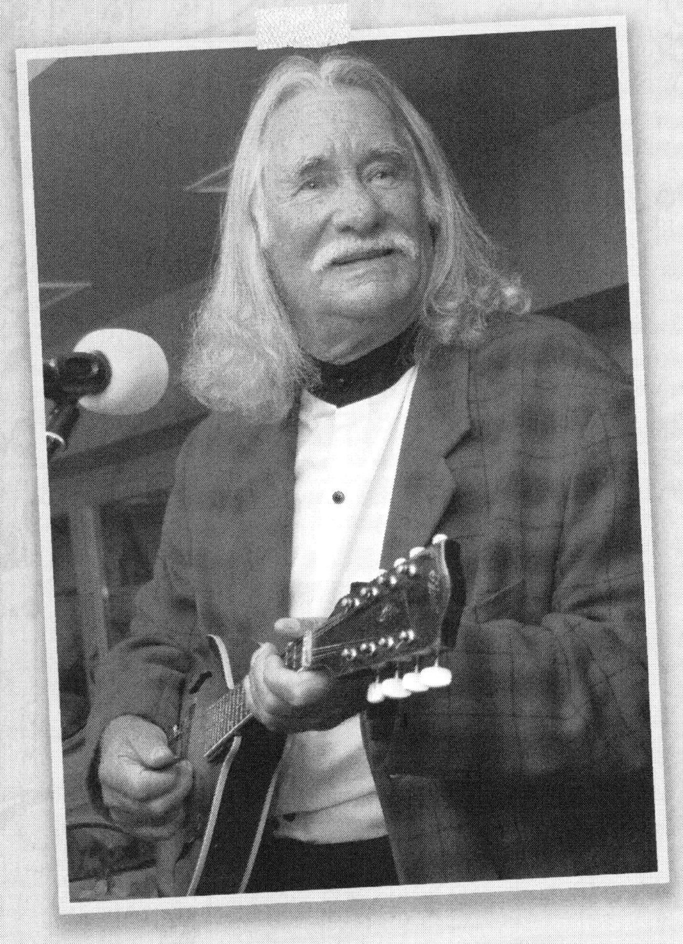

Ich ben ne kölsche Jeck

Der Karnevalsrentner

„DIE LEUTE fragen mich immer: Hans, wovon lebst du denn jetzt überhaupt? Ich war dieser Tage mal am Dom. Da saß ein Mann, der fragte mich, ob ich einen Euro für ihn hätte. Do han ich den aanjeluurt un jesaht: Jung, hau av, do sitz op mingem Platz!"

Normalerweise läuft Ostermanns „Heimweh nach Köln" vom Band, wenn bei einem BAP-Konzert die letzte Zugabe gegeben wurde. Im Juni 2016, am Ende einer großen kölschen Rockshow anlässlich des 40. Geburtstags der Band, soll es anders laufen. Wolfgang Niedecken kündigt Hans Süper an, mit dem er spätestens seit seinem Schlaganfall im November 2011 eine ganz besondere persönliche Beziehung hat. 15 000 BAP-Fans in der Arena in Deutz sind glücklich ermattet, einige haben die Halle schon verlassen – keine leichten Voraussetzungen für den 80-jährigen Mann mit der Flitsch. Und doch wird er sie in wenigen Minuten alle für sich gewinnen. Süper kokettiert, macht Witzchen, lobt seinen verstorbenen Bühnenpartner Zimmermann und singt schließlich mit Niedecken und der ganzen Arena „Ich mööch zo Foß no Kölle jon". Ein paar Monate später ist Süper wieder in der Arena zu Gast. Ganz allein tritt er bei Björn Heusers Mitsingkonzert „Kölle singt" in den Scheinwerferkegel und interpretiert die Hymne vom „kölsche Jung". Er schafft es, dass sich 12 000 Menschen auf ihn einlassen. Er ist derjenige, der das Tempo bestimmt. Während der Strophen wird es ruhig – ein wohltuender Kontrast zum Non-Stop-Gesang der Massen, der ansonsten den Abend prägt.

Ein paar Jahre zuvor wäre ein solcher Auftritt noch nicht vorstellbar gewesen. Süper hatte sich nach 2001 rar gemacht. Mancher Auftritt, bei dem er überraschend die Mandoline auspackte, blieb einem kleinen Kreis vorbehalten. Wie 2008 bei der „Oldie Night" im legendären „Whisky Bill" in Forsbach, wo er in Erinnerungen an die 1960er-Jahre schwelgte, als er selbst dort mal gespielt hatte. Oder beim Geburtstag von Lothar Maus' Reibekuchenstand – „Zimmermanns Rievkochebud"– in Sülz, wo Süper lebenslang frei essen darf. Für Charly Niedieck, den verstorbenen Bassisten des Eilemann-Trios, hatte er nach dessen tragischen Tod 1992 im Kreis von Kollegen angeregt, jedes Jahr an Allerheiligen ein „Charly-Niedieck-Gedächtnissingen" zu veranstalten. Irgendwann waren Ludwig Sebus und er fast die Einzigen aus dem alten Kreis. Von Jahr zu Jahr kamen immer weniger wegen Niedieck und immer mehr, die eine seltene Gelegenheit nutzen wollten, Süper noch einmal mit ein paar Liedchen live zu erleben. Dem gefiel das ganz und gar nicht. Die Kneipe „Kleiner Kurfürst" gleich neben seinem alten Wohnhaus war wegen ihm rappelvoll, und doch resümierte er nach einem „Charly-Treffen" 2010 enttäuscht: „Meine Zeit ist abgelaufen."

Auftritte auf großen Bühnen oder ein Besuch im Tonstudio sind in dieser Zeit noch seltener als ein paar Liedchen in kleiner Runde. In einer großen Fernsehshow zum 90. Geburtstag von Willy Millowitsch sang er zusammen mit Tommy Engel, Frank Hocker und Gerd Köster in Erinnerung an die Vier Botze die „Kayjass Nummer Null". 2007 besuchte er die Bläck Fööss in der Philharmonie und steuerte unvergessene 20 Minuten zu ihrem Konzert bei. Als die von Süper so verehrten Musiker bereitwillig in den Hintergrund traten, um ihrerseits den großen alten Komödianten zu ehren, hätte man eine Stecknadel fallen hören können. Eine der wenigen Ausnahmen von der selbst verordneten Abstinenz war auch sein Besuch im Tonstudio 2010, wo er mit ein paar witzigen Bemerkungen, Geräuschen und seinem Mandolinen-Spiel den „Miese Lade" seines Freundes Ludwig Sebus für eine Neuaufnahme veredelte. Süper hätte damals die Vorstellung, dass er ein paar Jahre später in der Kölnarena als gefragter Gast ein- und ausgehen würde, als verrückte Idee abgetan. Zuvor waren es eher kleine Konzerte in Kneipen, mit denen er zwei bis drei Mal pro Jahr seine Rente aufbesserte. Mindestens genauso wichtig wie das Zubrot war für ihn, auf diese Weise immer wieder aufs Neue testen zu können, ob es noch funktionierte, ob die Chemie zwischen ihm und dem Publikum noch stimmte, ob man ihn noch kannte und mochte.

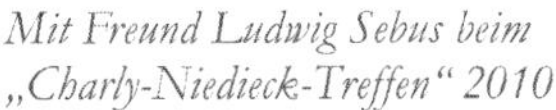

Mit Freund Ludwig Sebus beim „Charly-Niedieck-Treffen" 2010

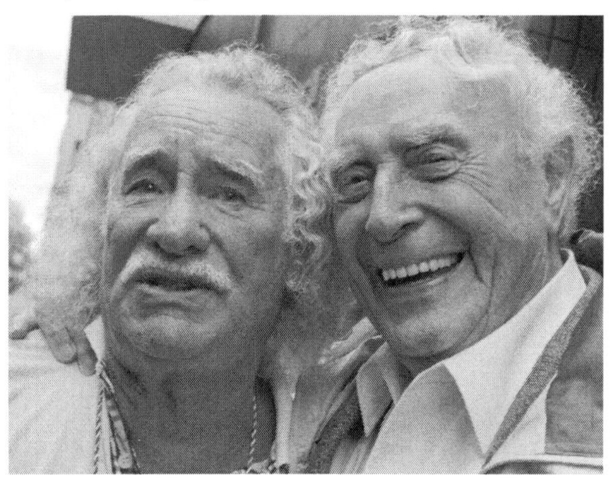

Er hielt das für keine Selbstverständlichkeit. So wie im Oktober 2010 im Stapelhaus in der Altstadt:

Eine letzte Zigarette, ein Schnäpschen und noch ein Kölsch gegen das Lampenfieber, die Haare zurück und noch einmal tief durchatmen – dann kann es losgehen. Hans Süper klettert auf einen Barhocker auf der Bühne des Lokals am Rhein. „Ich setze he un weiß jar nit, wat ich maache soll", schwindelt er, während er auf dem Hocker hin und her wibbelt. Nicht die Erinnerung an den wenig überzeugenden Abend vor 19 Jahren, als er hier mit Werner Keppel erstmals das Süper Duett vorstellte, macht ihn so hibbelig. Der Profi hat tatsächlich Lampenfieber, wie er es all die Jahre zuvor auch schon hatte. Da hilft die ganze Erfahrung wenig, er ist nervös wie beim ersten Mal. „Jar nit jeschlofe" habe sein Vater in der Nacht davor, gibt sein Sohn Markus später die Eindrücke seiner Stiefmutter wieder. Und wenn, habe er im Schlaf gesprochen. Wahrscheinlich waren es an die hundert Zigaretten, die an diesem Tag weggeraucht werden mussten. In den Koffer seiner Mandoline hat Hans Süper einen Zettel gelegt, auf dem er sich aufgeschrieben hat, was er heute singen will. Das gibt dem Improvisationsprofi Sicherheit. Die Texte dazwischen will er aus dem Ärmel schütteln.

Er beginnt mit einem Witzchen zum Warmwerden, bevor er die immer gleiche Begrüßung folgen lässt. Viele Ehrengäste und Freunde seien da, aber die wolle er nicht namentlich begrüßen. Es gebe nur eine Ausnahme, „die mir am Herzen liegt: Dat es mein Publikum. Schönen guten Abend!" Nach sieben, acht Sätzen hat es fest im Griff und die Sicherheit wieder, die ihm vor wenigen Minuten noch fehlte, obwohl hier doch nur Fans im Saal sitzen. Es folgen erste Improvisationen, ein Witz über den Wirt und ein Seitenhieb auf die Anti-Raucher-Lobby, die hier heute keinen Stich bekommen würde. „Zum Glück dürfe mer heute hier rauche. Ich wor dieser Tage an einer Bushaltestelle. Da war ein Mann, der wartete auf den Bus. Da war so ein kleines Plastikhäuschen, wo der drunter stand. Ich stellte mich daneben und wollte mir ne Zigarette anmachen. Was hat der mich da zur Sau gemacht! Der hat mich so was von zur Sau gemacht." Dann habe er sich ein paar Meter weggestellt, um weiterzurauchen, bevor der Bus um die Ecke kommt. „Da hät der Busfahrer die Kurve nit jekräht, dat Hüüschen avrasiert. Der Mann un alles wor weg. Dann han ich ming Ziarett' anjemacht un jesaht: Siehs de, wer raucht, hat mehr vom Leben."

Er liebe „die Witze, die richtig wehtun", klärt er im Laufe des Abends sein Publikum auf. Den Schmerz verursacht eine herrlich simple Blödelei.

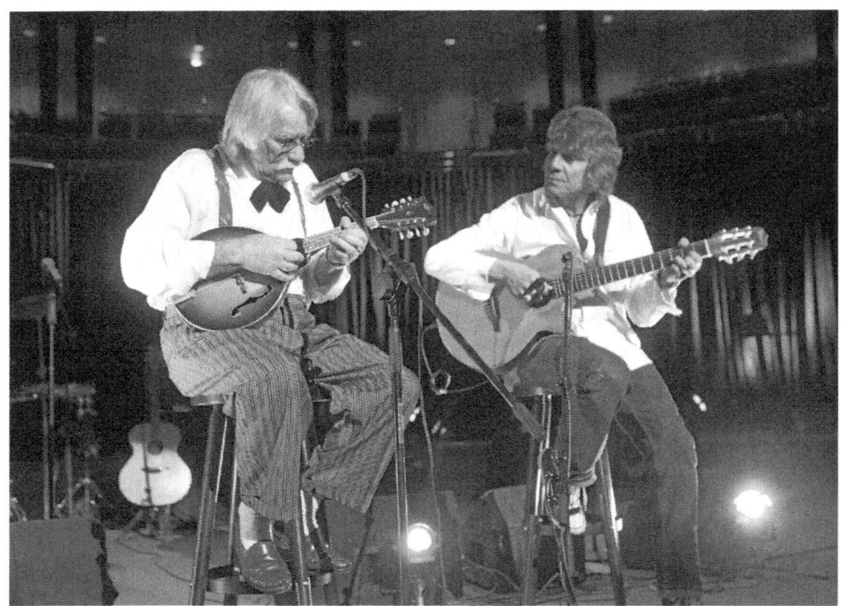

Mozart in der Philharmonie: 2007 ist Süper zu Gast beim Bläck-Fööss-Konzert, hier mit Bömmel Lückerath

Ein guter Witz kann gar nicht einfach genug sein, man muss ihn nur richtig erzählen können. Süper kann das. Aus den Zwiegesprächen seiner Duette macht er eine großartige Einmannschau, die Krätzjer von einst werden – nur mit der eigenen Flitsch begleitet – zelebriert. Und man lernt einmal mehr: Bei dieser Art des kölschen Vortrags kommt es nicht nur auf das an, was man sagt oder singt. Es geht auch darum, an den richtigen Stellen nichts zu sagen. Weniger ist eben manchmal mehr. Viele Lieder, die Süper heute singt, stammen aus der Feder von Werner Keppel. Darunter zwei echte Schätze, die es nicht in den Sitzungskarneval geschafft haben. Beide stehen für das, was Süper so wie kein anderer kann: Er verbindet die leisen kölschen Töne mit herrlichem Quatsch – ein gesungener, vorsichtiger Hinweis, dass das typisch Kölsche eben nicht das ist, was man im Fernsehkarneval normalerweise ertragen muss.

Das eine Lied hat von Keppel den Titel „Mer sin echte Kölsche" bekommen, Süper nennt es „Dat Leed vun dr Schilderjass". Es ist eines seiner Lieblingslieder. „Als Kinder leefe mer jään durch de Schilderjass, un op de Rollschuh durch de Huhstroß bes nohm Dom. Wat wor dat fröher schön, denn mer hoot nur kölsche Tön, doch hück es dat all e bessje anders he.

Trotzdem föhle mer uns wohl, denn mer han jo noch dr Dom, un mer fohre jede Sonndaach en de Zoo ..." In der dritten Strophe beschreibt Keppel das zerstörte Köln nach dem Krieg und die Zeit, als man sich in der eigenen Stadt nicht mehr auskannte. „Sujar uns Schilderjass, die funge mer nit mih. Dat es jet, wat mer nie verjesse kann." Willy Millowitsch hat Süper im hohen Alter bescheinigt, das sei ein Text, der in die Knochen ging. Darauf antwortete Süper ihm: „Dann steih ens op. Vielleicht kanns de ja widder laufe."

Das zweite Liedchen ist ein Paradestück für das, was Süpers Humor und seinen feinen Witz ausmacht. Gleichzeitig steht es auch für das, was das Zusammenspiel mit dem Partner prägte, der die Vorlagen schrieb und komponierte, mit denen Süper dann spielen konnte. Mit exaktem Timing demonstriert der Clown die totale Entschleunigung, zelebriert die Kunstpause, um Platz für „ne herrliche Dress" zu schaffen und einzelne Sätze wie Pointen wirken zu lassen. Würde man Keppels Text und Melodie einfach nur vom Notenblatt herunterspielen, wäre die Geschichte vom „Führersching" in anderthalb Minuten erzählt. Doch weil es halt „esu richtig wehtun muss", nimmt sich Süper alle Zeit der Welt, um die Geschichte von den beiden Fahrschülern zu singen: „Mer zwei woren immer schon nit schlau, doch dafür dumm. Em vierten Schuljahr kome mer sujar schon us dr Schull." Die zwei träumen vom Führerschein, fahren mit dem Lehrer Poppekopp durch die Stadt, rammen Laternenpfähle und Müllwagen und überfahren ein Huhn. „Noh de hundertelfte Fahrstund, do wor et dann suwigg. Mer krije keine Führersching, dat sagen schon de Lück."

Lieder des Colonia Duetts sind tabu. Da hilft auch nicht der Zwischenruf einer Zuhörerin, die unbedingt „de Fleech" hören will. Süper erwähnt Hans Zimmermann immer noch mit viel Respekt und Lob, ein Lied aus der Zeit mit ihm singt er jedoch nicht. „Da gehe ich nie mih dran", sagt er auf Nachfrage. Das Colonia Duett sei so gut gewesen, dass er es niemals hätte toppen können. „Dat steiht do. Un ich looße et su, wie et es."

In welcher Tradition sich das befindet, was Süper all die Jahre gemacht hat, demonstriert er im Stapelhaus im zweiten Teil des Programms, in dem er an vergessene Redner und Krätzjesänger erinnert, darunter sein Duett mit Bruder Paul als Zwei Schnürreme. „Wo sind sie hin, die kölschen Redner und ahle Krätzjesänger?", fragt der Meister und bekommt dafür viel Applaus. Süper singt ein Lied von den einzigartigen Zwei Drügge, die wohl

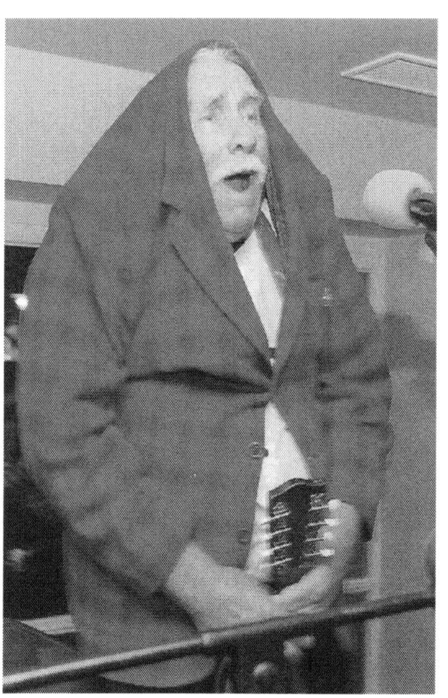

Immer noch mit Spaß auf der Bühne: Süper 2010 im Stapelhaus

heute auf kaum einer Karnevalssitzung noch eine Chance hätten. Die Sprache würden viele nicht mehr verstehen, die Langsamkeit des Vortrags als Zumutung empfinden. „Et deit uns leid, ävver mer hatte Freud", beschreibt Süper über fünf lange Strophen Anlässe zur Schadenfreude. Ein Höhepunkt des Abends. Doch auch hier, in einem Saal voller Süper-Fans, kann nach anderthalb Stunden nicht jeder dieses ruhige Tempo aushalten. Süper zitiert einen Karneval, der Ewigkeiten her scheint und von dem mancher hier keinerlei Vorstellung mehr hat. Den meisten Gästen gefällt das sehr, mit stehenden Ovationen verlangen sie eine Zugabe. Süper hat sich dafür etwas ganz Besonderes ausgedacht und dafür in den letzten Wochen richtig geübt. Er tauscht seine Mandoline gegen eine Ukulele und flechtet sich eine Blumenkette ins Haar. „Over the Rainbow", in der Coverversion von Israel Kamakawiwo'ole, die posthum alle Hitparaden stürmte, will Süper singen – doch es geschieht das, wovor alle Solisten panische Angst haben. Die Melodie ist aus dem Sinn. Süper zögert keine Sekunde – und improvisiert zu einigen Akkorden auf der Ukulele in einer Fantasiesprache, die irgendwas mit der Ausdrucksweise der Ureinwohner Hawaiis zu tun haben könnte. Das Stapelhaus tobt vor Begeisterung.

Zum Abschluss gibt es das Lied vom „Kölschen Jung". Süper entrümpelt die Hymne auch hier von allem 1960er- und 1970er-Jahre-Orchester-Ballast und reduziert ihr Tempo, um sie dann ganz still und leise freizulassen. „Ich ben ene Kölsche Jung, wat willste maache? Ich ben ene Kölsche Jung un dun jään laache. Ich ben och söns nit schlääch, nä ich ben brav. Ming Lieblingswöötsche, heiß Kölle Alaaf!" Nachdem Hans Süper sich auf seiner großen Abschiedsgala fürs Fernsehen das erste Mal an dieses Lied wagte, hat er es immer wieder gesungen und mit seiner ganz eigenen Interpretation zu einer ganz persönlichen Angelegenheit gemacht. Den meisten dürfte der „Kölsche Jung“ in der Version von Willy Millowitsch bekannt sein, doch die zwei stärksten Interpretationen des Klassikers für eine LP- beziehungsweise CD-Produktion stammen von Hans Süper und dem ihm auch privat eng verbundenen Horst Muys, der das Lied einen Tag nach dem Tod seines Sohnes eingesungen haben soll. Wolfgang Löhr von der Plattenfirma Dabbelju baute 2004 in der Küche des Ehepaar Süper vier Mikrofone auf, damit das mit Abstand stärkste Stück eines Benefiz-Karnevalssampler mit dem Titel „Kölle sings Colonia“ aufgenommen werden konnte. Noch leiser, noch intensiver als bei seinem Fernsehabschied sang er hier seinen „Kölschen Jung“ und schickte ihn ein weiteres Mal als warnendes Fanal in den Ballermannkarneval. Süper hält sich an keine Form, ein Mitsingen der Hymne ist nicht möglich.

Als Musiker war Süper immer auch begehrter Gast in Aufnahmestudios. „Der spielt auf vier Saiten Akkorde mit sechs Tönen, ganz ausgefuchste Harmonien, ohne zu wissen, was er da eigentlich tut. Das geht nur mit einem ganz außergewöhnlichen musikalischen Gehör“, schwärmt der Leiter der WDR Big Band, Mike Herting, dem es 2011 tatsächlich gelang, Süper zu einer eigenen CD zu überreden. Exzellente Musiker spielten mit ihm „Musik uss der Kösch“ ein. 2012 folgte ein zweiter Teil unter dem Titel „Kölsche Jung“. Die CDs präsentierten eine eigentümliche wie überraschende Mischung aus alten kölschen Liedern, Songs aus dem Süper-Repertoire und Lieblingshits. Die Studioproduktionen mit einem, der sich nur schwer in vorgeplante Strukturen eines Arrangements für eine größere Kapelle pressen lässt, war nicht immer einfach. Und doch begegneten sich die Profi-Musiker auf Augenhöhe. Süper war einer von ihnen. Gerade weil er in „seiner eigenen Harmonienwelt“ spiele, wie es Hartmut Prieß von den Bläck Fööss sagt, sei es für gestandene Jazz-Musiker immer so interessant gewesen, mit ihm zusammenzuarbeiten. Er habe Süpers „Mandolinenspiel wirklich bewundert“, meint auch Wollie Kaiser von der Kölner Saxophon Mafia, die 1991 mit Süper das höchst originelle „Blues For The Flitsch“ einspielte. Die Jazznummer nimmt geradezu anarchistische Züge an. Es entwickelt sich ein schräges Spiel zwischen Bläsern und Mandoline, dazu Süper, der seine Harmoniesuche kommentieren darf. „Ich muss mein Plektrum stimmen, anders jeiht et nit.“ Tommy Engel zitiert seinen LSE-Mitstreiter Arno Steffen: „Der ist vom Jazz üvver de Musik jekumme." Alle, die je mit Hans Süper zusammen Musik gemacht haben, sind überrascht und beeindruckt von seinem Spiel, seinem Gehör und seiner Improvisationskunst. 2004 spielte er im Rahmen eines dreitägigen Open-Air-Festivals vor dem Dom mit der Big Band der Bundeswehr. Bei der vorangegangenen Probe hatte Süper alle verblüfft. „Stimmt mal an", habe er der Big Band im Euskirchener Proberaum zugerufen, berichtet Freund Reiner Ostertag, der ihn begleitet hatte. Nach zwei, drei Minuten und ein paar Anweisungen an die Musiker saß die Nummer. So schnell wie Süper sei keiner aus dem Proberaum wieder raus gewesen. „Als ich ävver dann op dr Bühn stundt, han ich minge Einsatz verpass", erinnert sich Süper. „Do han ich e bessje ‚la, la, la' jesunge, bes ich widder drin wor. Dat es dat Schöne, versteihs de?"

Mit dem Karneval hat Hans Süper heute nicht mehr viel am Hut. „Ich kann fiere ohne Fastelovend. Mer han immer Spaß, wenn mer zesammekumme", sagt er. Bis vor wenigen Jahren war er in der Session gar nicht in Köln, sondern nahm sich mit seiner Frau eine mehrmonatige Auszeit in Spanien oder auf den Kanaren. Doch einmal sei er während des Straßenkarnevals mit einem Schellenbaum und einem Freund durch Sülz gezogen. Das habe ihm Spaß gemacht. Es blieb eine Ausnahme. Früher habe er natürlich immer mitgefeiert. „Da kunnt ich et nit erwarte, bes ich jeschminkt op der Stroß wor. Natürlich als Clown. Trompet dabei, Bier eren – dat wor schön, ävver et es lang her." Mit dem Einstieg ins Colonia Duett habe sich das dann nach und nach verändert. Wer „richtige Unterhaltung" für die Leute im Saal machen wolle, könne nicht mehr richtig mitfeiern. „Da küss de vum Fiere av, wenn dr Fastelovend kütt. Un du bes fruh, wenn de donoh keine Karneval mih sühs."

Auch wenn er heute nicht mehr ins Ausland flüchtet, bleibt sein Blick auf den Karneval distanziert. „Für dat, wat mer em Fastelovend jemaht han, jitt et kaum noch Platz." Es sei unruhig geworden in den Sälen. Diese Entwicklung, die begann, als er selbst noch auf der Bühne stand, sei unaufhaltsam weitergegangen. „Karneval ist heute Krach." Ihm ein paar kritische Töne über den Karneval zu entlocken, ist nicht ganz einfach. Denn seine Hochachtung vor dem Publikum ist groß. Und wer Fehlentwicklungen anprangern möchte, kommt nur schwer herum um ein paar kritische Bemerkungen zur Konsumhaltung der Leute im Saal. „Ob dat minge Jeschmack es oder nit, wat da hück läuf, es janz ejal. Wichtig es nur, dat dat Volk drop steiht. Und die Leute wollen den Ballermann." Es sei zwar schön, dass es „en paar ahle Saache un en paar Oldtimer“ gibt, die immer noch ankommen. Die finden in der Regel aber ihren Platz in irgendwelchen Nischen fernab des Massengeschmacks. „Fahr ens an de Ballermann“, rät Süper, „die Leute können davon nicht genug kriegen. Ich wöödt ens jern erleben, wenn einer fröch: ‚Wo sind die Hände?‘ Un die Leute sagen: ‚Dat jeiht dich ne Dress an, wo die Hände sin.‘ Schlemm es dat, ävver se wolle et.“ Bei den meisten Ballermann-Besuchern sei nach der ganzen Feierei das Gehör kaputt: „Die müsse donoh 14 Dach Urlaub maache, damit sich dat widder erholt.“

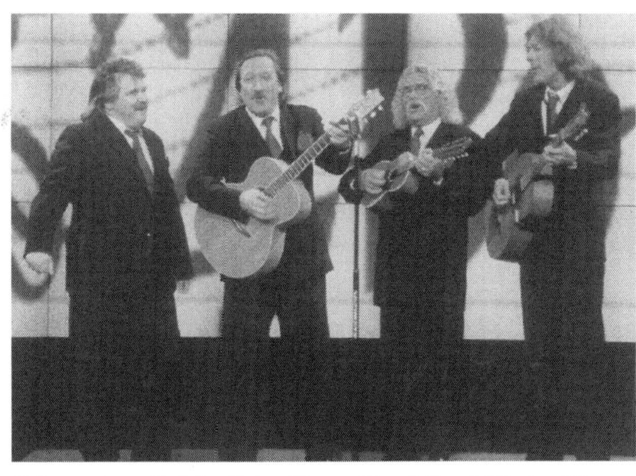

Erinnerung an die Vier Botze: Tommy Engel, Frank Hocker, Hans Süper und Gerd Köster singen zum 90. Geburtstag von Willy Millowitsch „En dr Kayjass Nummer Null“.

Auf den Bühnen des Saalkarnevals sind für ihn die Bläck Föss nach wie vor die „Crème de la Crème“. „An die kütt keiner ran.“ Und auch Ex-Fööss-Sänger und Freund Tommy Engel fällt ihm beim Thema Karneval ein, obwohl der heute damit genauso wenig zu tun haben will wie er selbst. Bei Engels Lied „Du bes Kölle“ bekomme er schon eine Gänsehaut, „ohne dat ich dat hüre muss. Su ne Mann wird in hundert Johr einmal jebore.“ Er hat Respekt für Menschen, denen noch kölsche Lieder einfallen, die nicht aus dem üblichen „Hurra-Geschrei für Dom, Rhing un Sunnesching“ bestehen. Es ist nicht leicht, heute neue Sachen zu komponieren. Da hatte es ein Mann wie Ostermann leichter, ist sich Süper sicher. Wenn er die Großen des Karnevals erwähnt, darf sein Freund Ludwig Sebus nicht fehlen. „Der Mann is der Wahnsinn.“ Die Allergrößten sind für ihn jedoch die Tanzgruppen, weil die das ganze Jahr üben, um dann – ohne damit Geld verdienen zu wollen – von Saal zu Saal zu ziehen. „Die dun dat für nothing. Dat es für mich Karneval pur – met Idealismus und Liebe drin.“ Im Karnevalsgeschäft gebe es das leider immer seltener.

Süpers Häns janz privat

Ein Hausbesuch in Sülz

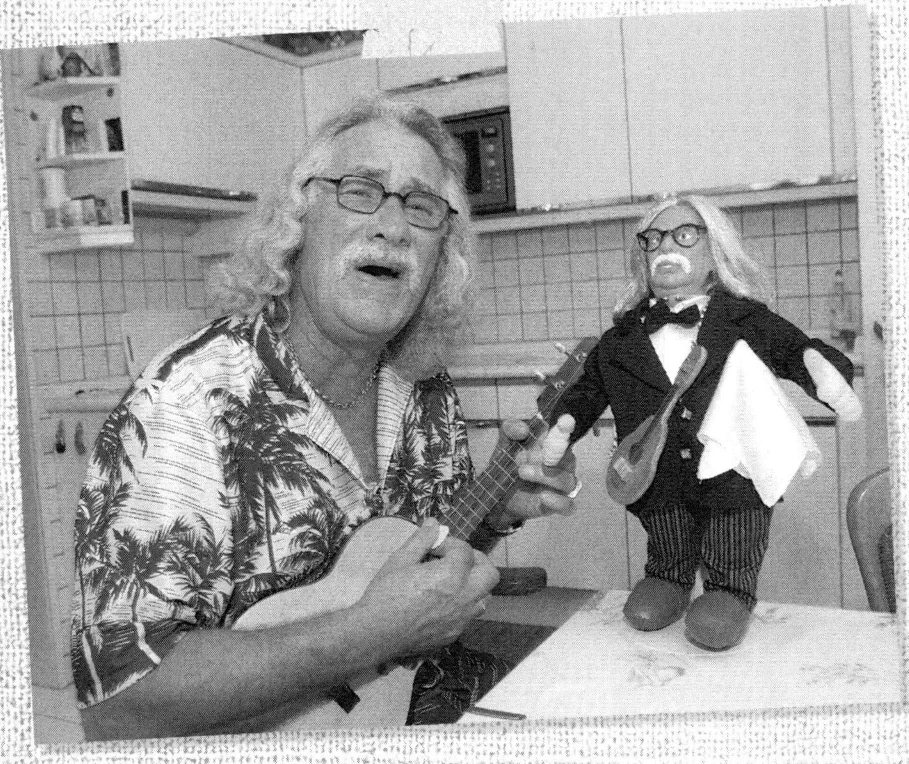

„AM SCHÖNSTEN ES ET, wenn ich durch die alten Viertel gehe, durch die Altstadt, durchs Agnesviertel oder Severinsviertel. Do jitt et noch en paar schöne Kneipe, wo noch Erinnerung drin is, wo du dat schöne ahle Kölsch hüre kannst. Dieses schön lang gestreckte ‚Leck ens am Aasch'. Dat es herrlich. Un dat Schönste es: Der, dä dat säht, meint dat jar nit su. Dat Besondere an Kölle, dat Schöne, sin die Minsche. Et jitt vieles en der Stadt, an däm ich mich freue kann. Ävver man muss e bessje op die Stadt oppasse. Man sollte Köln sauberer halde, en bessje opräume. Köln soll nicht so modern werden. Erhaltet die alten Häuser, dat ahle Kölle muss man noch erkenne künne."

Man musste zweimal hinschauen, bevor man klingelte. Das Haus auf der Luxemburger Straße neben der Kneipe „Kleiner Kurfürst", wo schon Lina und Hans Süper senior gerne einen trinken gingen, hatte eine schäbige Fassade. Durch eine beschmierte Stahltür betrat man das Haus, das einem Orden der katholischen Kirche gehört. „Die kümmere sich nit. Der Keller ist so feucht, wenn de ne Rattenfalle opstallst, häs de ne Fisch drin", sagte Hans Süper, wenn er einen Besucher abholte und in den Hinterhof des Hauses führte. Das war der Hof, auf dem Hans und sein Bruder Paul als Kinder spielten und als Jugendliche Mopeds reparierten. Am Heiligen Abend spielten sie hier zusammen mit dem Vater Weihnachtslieder. Man konnte sich gut vorstellen, wie im ganzen Haus mitten in der Nacht die Fenster geöffnet wurden, um den Süpers zuzuhören. Die alte Brandmauer im Hof war zugewachsen. Solange sie es konnte, hatte sich Helga Süper hier um Blumen und Pflanzen gekümmert. Über holpriges Pflaster führte der Weg zum Hinterhaus. Bei diesem Hausbesuch im Jahr 2010 war es für Hans noch unvorstellbar, von hier wegzuziehen. Über 50 Jahre seines Lebens hat er hier verbracht. Nach dem Tod der Eltern hatte er die Wohnung übernommen, in die sie nach dem Krieg gezogen waren, und nach und nach umgebaut. „Früher wor dat anders. Da jov et ne richtije Jemeinschaff ", sagt Süper über die Nachbarschaft, die nun vor allem von Studenten geprägt wurde. „Wenn ich woanders hinjetrocke wör, hätt ich alles neu kenneliere müsse." Von hier aus machte er sich morgens auf den Weg durch

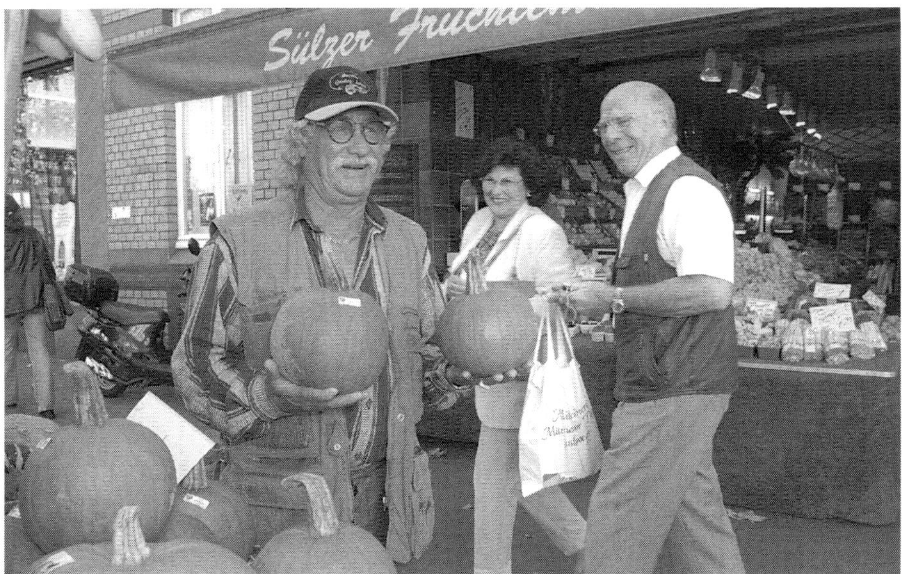

Sülz ist sein Viertel, hier fühlt sich Hans Süper zu Hause

sein Sülzer Viertel – zum Bäcker, zum Metzger, ins Café oder ins „Sölzer Klaaf", seine Stammkneipe. „Eijentlich han ich jar nit opjehürt. Ich han jede Daach ne Auftritt. Wenn de met mir durch Sülz jeihst, sühs de dat. Et es schön, nit verjesse ze sin."

Süper führte gerne in den Schuppen neben dem Eingang zum Hinterhaus. Man glaubte, ein kleines Museum zu betreten. Hier fanden sich unzählige Erinnerungen an den Karneval aus der Zeit der Vier Botze. Poster warben für einen „Rheinischen Abend" und andere Konzerte mit Süpers Vater. Die Wände hingen voll mit alten Autogrammkarten, Fotos und anderen Karnevalsaccessoires. Süper erzählte von vergangenen Stars und Büttenrednern, von dem vergessenen Duo „Herr Fröhlich und Herr Schön" und von Willy Schneider, dem großen Entertainer aus Ehrenfeld, der einst sogar den Madison Square Garden in New York füllte. Sein Vater und die Vier Botze waren überall präsent. Der Respekt vor dem Musiker und seinen drei Weggefährten ist groß. Aber: „Ich kunnt mich musikalisch nit mit däm Vatter ungerhalde."

Inmitten all dieser Erinnerungen standen in einer Ecke die Utensilien eines Hobbys, das man einfach nicht mit diesem scheinbar immer aufgedrehten Mann in Verbindung bringen will. Hier konnte der leidenschaftliche Angler Hans Süper stundenlang sitzen und Angelhaken und Schnüre für einen Tag am Rhein oder an irgendeinem anderen Gewässer vorbereiten.

„Dat mäht Spaß. Man kann zwar hück alles fertig kaufen, ävver ich maache dat alles selvs." Angeln ist ein Hobby für Menschen mit Geduld. „Das hat auch was mit Kunst zu tun", erklärte er wortreich. Damals wusste er noch nicht, dass er diesen schönen Schuppen voller Erinnerungen und seinem Angelzeug schon bald aufgeben würde. Der Umzug in eine altersgerechte, trockene Neubauwohnung um die Ecke war unvermeidbar. Dem Hobby ist er jedoch treu geblieben. „Am Wasser kann ich stundenlang sitze, wickele un baue. Da han ich alles, wat ich will." Es geht um Ruhe, um das Genießen der Natur, aber auch ums Jagen. Wenn er am Wasser sitze und sich klarmache, da schwimme ein Fisch, der sich nicht fangen lassen will, packe ihn der Ehrgeiz. „Dat es der Reiz: den Fisch ze überliste, met Köder wechseln, dies und jenes, feine Schnur, dicke Schnur. Dann weed dat Janze immer widder ümjebaut, bes ich den Fisch jefange han."

Es gibt eine Betrachtung des Angelns vom Philosophen Peter Kunzmann, die bei der Annäherung an das Phänomen hilft. Demnach ist Angeln alles andere als eintönig. Der Angler tauche ein „in eine fremde Zone, in etwas sehr Geheimnisvolles". Das habe fast etwas Kriminologisches. Der Angler nimmt eine Herausforderung an und verbindet das mit einem besonderen Naturerlebnis. „Das Fischen im Gedächtnis der Angler ist ein riesiges Atom, eine große Wolke an Zeit, in der man sehr viel Geduld braucht. Und in der Mitte ist ein kleiner Atomkern der wirklichen Erfolge, von denen der Angler dann zehrt." Süper sagt: „Dat Angelen kann ich keinem erklären. Dat es einfach wunderbar."

In seinem Leben hat Hans Süper schon sehr viel Zeit mit dem Fischen verbracht – am Rhein, im Stadtwald, am Troisdorfer Baggersee, an der Millerscheider Angelanlage, auf Mallorca oder Gran Canaria und natürlich am Ebro-Stausee in Spanien, wo sich die Süpers im Angler-Eldorado Mequinenza ein Haus gekauft hatten. Schon als kleiner Junge kletterte er nachts durch ein Loch in der Mauer am Weißhaus, setzte sich in einen Baum und angelte heimlich im Kanal des Sülzer Wasserschlosses. So was sei heute kaum noch denkbar, sagt er. Wer ohne Angelkarte fische, werde hart bestraft. „Mer han janz andere Jesetze hück. Die Grünen arbeiten international. Als ich met däm Angelen aanjefange han, jov et noch jar kein Jröne."

Wenn es ums Angeln im Rhein geht, berichtet Süper von Aalen, die er früher in großen Mengen aus dem Fluss gezogen hat. Der Fischbestand habe sich über die Jahre verändert. „Der Rhein ist unheimlich gut geworden." Vor 40 Jahren hätten die Fische wegen der schlechten Wasserqualität noch geleuchtet. Das sei heute anders, allerdings gehe der Fischbestand in allen Gewässern zurück. „Et kütt ne Zick, da han mer nur noch Zuchtfische op dem Desch, weil alles avjefisch es." Süper erzählt, wie er im Rhein auch schon mit Frikadellen geangelt habe. „Das sind Produkte, die die Fische kennen, genau wie Fritten, Fleischwurst, Blutwurst oder Käse. Weil so viele Schiffe die Essensreste in den Rhein werfen, ist der Fisch solche Sachen gewohnt. Wahnsinn, oder?" So oder mit eingefrorenen Köderfischen versucht er neben Aalen auch Hechte, Welse oder Rapfen zu fangen. Sein Lieblingsfisch ist jedoch die fünfte Raubfischart, die man im Rhein heute finden kann: „Ich bin zandergeil."

Solange die Kulissen der Fernsehserie „Die Anrheiner" standen, sah man ihn oft am Mülheimer Ufer. Ein weiterer Angelplatz ist das Bootshaus „Alte Liebe" in Rodenkirchen. „Do han ich Barben jefange, jeküss und widder schwimme looße." Das sei eben der Unterschied zwischen dem Jagen und dem Fischen. „Wenn ich en Fisch angele, kann ich den widder erensetze. Wenn de bei der Jagd wat schießt, kanns de dat Dier nit mih laufe looße." Mehr als einen Fisch am Tag nehme er nicht mit. „Un wenn beim Fangen nix läuft, es dat och net schlimm. Dann ben ich morje widder do."

Angeln am Bootshaus „Alte Liebe" in Rodenkirchen

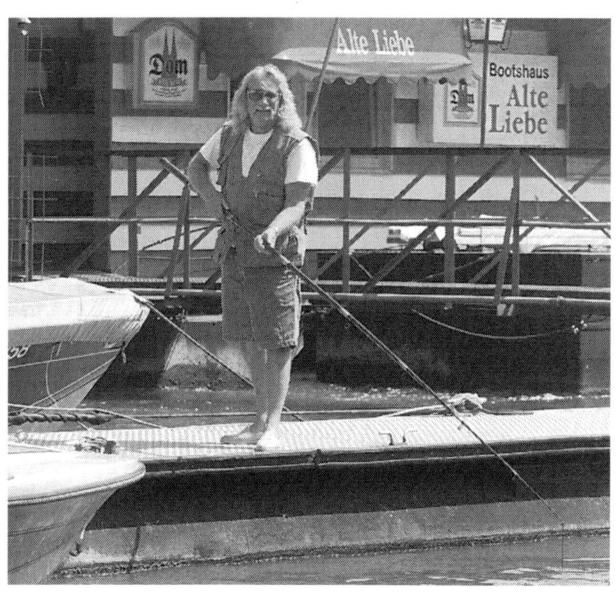

Für einen Nichtangler äußerst gewöhnungsbedürftig waren auch die Trophäen seiner Angelleidenschaft, auf die man traf, wenn man die alte Wohnung der Süpers betrat: Hängt sich ein Jäger Tiergeweihe und seltener auch Tierköpfe an die Wand, schmückte sich der Angler von Raubfischen mit ausgestopften Fischköpfen.

So schaute beim Gespräch am Küchentisch der Rest eines riesigen Zwei-Meter-Welses zu, den Süper in Spanien gefangen hatte. „90 Kilo wor der schwer." Ins Maul des Riesenfischs hatte der Präparator einen Knurrhahn gesteckt. „Ich gehe ja leidenschaftlich gerne auf Raubfische. Ich möchte Fische fangen, die man auch essen kann", erläuterte Süper mit Blick auf den überlisteten Riesengegner an der Wand.

Nach einem Wasserrohrbruch, nach dem das ganze Haus zeitweise evakuiert werden musste, hat Süper die Zeugnisse seiner Hobbys entrümpeln lassen. Neben den toten Fischen konnte man in der alten Wohnung früher bis zu 200 Clowns bestaunen. Ob im Küchenregal, im Flur, im Schlafzimmer, auf dem Sofa oder in der Vitrine – die Wohnung war ein Massenquartier für alle Arten von Clowns, die Hans Süper früher fleißig sammelte. „Clowns sind das Wichtigste auf der Welt, weil sie die Leute aus ihrem Alltag herausholen", erzählte er 1990 dem Kölner Stadt-Anzeiger. Wie das mit der Sammelleidenschaft begann, wusste er nicht mehr so genau. Irgendwann hätte es sich rumgesprochen und von da an hätten ihm treue Fans immer wieder neue Figuren geschickt. Ist er selbst ein Clown? Süper überlegte ein wenig, während er eine Spieluhr aus der Wohnzimmervitrine nahm und aufzog. „Ich würde eher sagen: Ich ben ne kölsche Jeck."

Neben den wenigen übrig gebliebenen Clown-Figuren stand ein besonders fein gemachtes Exemplar jener Süper-Puppen, die ein großes Karnevalsgeschäft mal für ganz treue Fans anfertigen ließ – eine von nur wenigen Erinnerung an eine große Karriere. Während sich im Haus von Süpers letztem Bühnenpartner Werner Keppel die Balken unter der tonnenschweren Last unzähliger Karnevalsorden biegen, verwahrte Süper nur ganz Außergewöhnliches. So zum Beispiel ein großes, handbemaltes Ei, auf dem er und Hans Zimmermann zu sehen sind. Oder die Willi-Ostermann-Medaille, die ihm 2004 verliehen wurde. In der Vitrine standen auch ein kleiner goldener Dom, ein paar Porzellanclowns, ein weiteres Bild der Vier Botze, eine Eieruhr. Ein Fan hatte ihm ein Bild aus dem Jahr 1949 geschickt, auf dem Süper sehr brav und nachdenklich für die Kamera posiert. Der Absender schrieb: „Ich bin stolz auf dich, weil du so vielen Mitmenschen und uns so viele Jahre echt kölsche Freude geschenkt hast." „Schön, oder?", fragte Süper. „Ich krieje och jetz noch immer widder schöne Briefe. Mehr kanns de nit erreiche."

Heute hat er Zeit, die Fanpost ausführlich zu beantworten. „Dat sin ja kein Säcke voll.“ Weil ihm das Schreiben weniger liegt als das Reden, greift er schon mal zum Telefon. „Dies Daach han ich Poss vun ner Frau jekräje, die vun ihrem Vatter jeschrevve hät.“ Dessen größter Wunsch sei es, Süper mal persönlich kennenzulernen. „Do han ich den Mann direkt anjerofe un en Termin jemaht. Den hole ich am Bahnhof ab, un dann stelle mer em Dom zesamme en Käätzje op.“

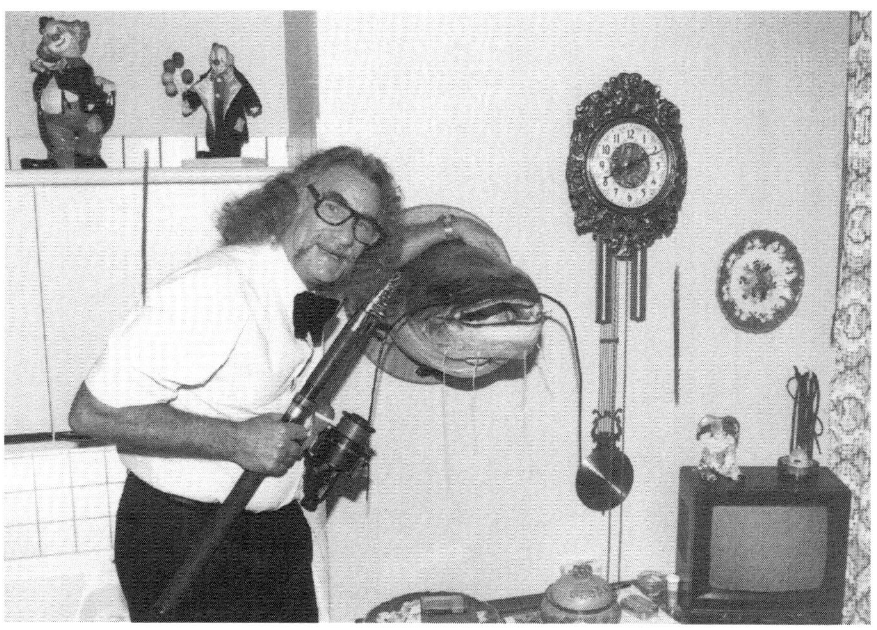

Clowns und ein Wels: Süpers Küche vor der Renovierung

Der Besuch wurde an einen kleinen Tisch in der Küche gebeten. Ehefrau Helga hatte Kaffee gemacht. Kennengelernt haben sich die beiden Anfang der 1970er-Jahre in einer Kneipe, in der Helga Wirtin war.„En Kumpel hät jesaht, dat die Jebootsdaach hät. Da han ich ihr en Ständche jebraht. Un do es et dann nit bei jeblevve.“ Es hat gedauert, bis Hans Süper die Frau seines Lebens fand und schließlich heiratete. Zweimal war es davor bereits schiefgegangen. Auch diese Lebenserfahrung hat er später auf der Bühne verarbeitet, obwohl die Jahre alles andere als lustig waren. „Die Eetste wor ze jung, die konnte mich nicht ernähren.“ Als Süper 26

Jahre alt war, war die kurze Ehe mit seiner Frau Anneliese bereits kaputt. Es war die erste große Enttäuschung in seinem Leben. Seine Vorstellungen von Freundschaft und Verlässlichkeit bekamen einen argen Dämpfer. Die zweite Ehe mit Rosemarie hielt länger, doch sein Leben als Musiker, der permanent arbeitete und am Wochenende bis tief in die Nacht auf der Rolle war, ließ sich kaum mit häuslicher Zweisamkeit und ehelicher Treue verbinden. „Und dann musste sie auch noch jeden Morgen einen Witz ertragen", habe ihm seine Mutter erzählt, berichtet Süpers zweiter Sohn Markus, der heute in der Folienbranche arbeitet.

Die zweite Trennung war für Hans Süper eine ganz bittere Erfahrung. Rosemarie warf ihn aus der Wohnung. „Dat wor en janz schlimme Zick. Du meinst, die Welt fällt zesamme." Die folgenden Wochen, von denen Süper in allen möglichen Interviews immer wieder erzählte, haben ihn schwer geprägt, wohl auch weil er sie mit eigener Kraft und starkem Willen überstand. „Dat sin su Fälle, wo andere aufgeben un Alkoholiker werden." Weil er keine Wohnung mehr hatte, schlief er mehrere Wochen auf der Rückbank seines VW-Käfers, den er abends vor dem Geißbockheim parkte. „Kanns de en bessje Fantasie opnemme?", fragte er. „Stell dir vür, du liegst en nem Auto un drusse es Weihnachten. Üvverall woren de Chressbäumche un du liegst do, häs nix. Wenn de do nix dojäje deis, blievs de en däm Loch hänge." Doch er ließ sich nicht fallen. Bekannte hätten ihm mal mit einer Einladung zum Essen oder einer Übernachtungsmöglichkeit geholfen. Die meiste Kraft habe er jedoch durch die Aussicht auf die Wochenenden geschöpft, an denen er weiterhin Musik machte. Da konnte er sich drauf freuen. „Dat hat mich immer e bessje huh jehalde." Er hat es gepackt, denn er „wollt us däm Schlamassel erus".

„Wenn de en so nem Loch hängst, lernst de dinge Fründe kennen. Einige haben mir jeholfe, andere nit." Freundschaft ist für Hans Süper ein großes Wort. Es dürfte nicht leichtfallen, seine Ansprüche an Freundschaft zu erfüllen. Er sei „jebrannt", sagt er. Da sei es besser, nicht mehr von Freunden, sondern besser nur noch von guten Bekannten zu sprechen. „Freundschaff es, wenn man immer zueinander hält. Ävver da kanns de reinfallen. Mein bester Freund ist meine Frau, oder, Liebche?", bat er seine Helga um Bestätigung, mit der nun seit über 40 Jahren klappt, was vorher zweimal nicht funktionieren konnte. Kann er anderen einen Tipp geben? „Da kanns de nix raten. Du musst in die Scheiße fallen, domet de wat lierst. Dat muss de 'all mal mitmaache." Aus seiner Ehe mit Helga wurde eine gute Freundschaft. „Mer sin abhängig vuneinander. Dat es dat Wichtigste. Wenn de andere sühs, die sich met 60 noch scheiden lassen, die han doch e Koppschuss. Wat mer han, es Freundschaft, Liebe, Zuneigung und vor allen Dingen maache mer uns wat zesamme us dem Levve. Mer sorje füreinander. Dat es schön."

Bei den Trennungen von der ersten und zweiten Frau ließ Hans Süper die Söhne Ralf, geboren im Oktober 1961, und Markus, geboren im August 1967, zurück, um die er sich kümmern wollte. Den Vorsatz umzusetzen, war nicht einfach. Wenn Süper seine Familiengeschichte erzählt – egal ob über den eigenen Vater oder über sich selbst –, merkt man, dass er es gerne anders gehabt und gemacht hätte. So wurden aus den Verhältnissen zu seinen Söhnen über viele Jahre zunächst vor allem „Geldbeziehungen", wie er sagt. „Da war keine Wärme, die ich gerne gehabt hätte. Dat es nit esu, wie en ner normal Familich." Das habe er schon vermisst. Es klingt wie eine Zwangsläufigkeit aus dem, was er selbst erlebt hat.

„Der Hans ist leider kein Familienmensch", sagten sein Bruder und auch seine Nichten Tamara und Sarah. „Dr Vatter wor met dem Kopp immer op dr Bühn", meint sein Sohn Markus, zu dem Hans Süper 21 Jahre

Hans mit seiner Ehefrau Helga

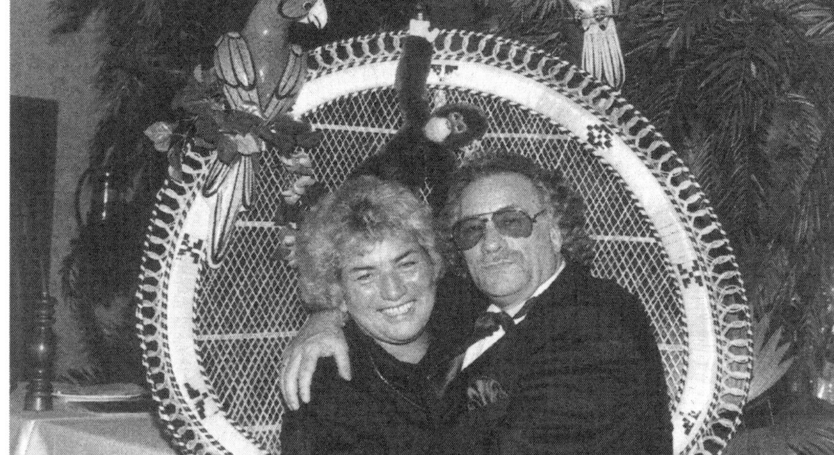

keinen Kontakt hatte – nachdem er sich bei einem gemeinsamen Spanienurlaub so über seinen pubertierenden Sohn geärgert hatte, dass der Urlaub abgebrochen werden musste. Das belegt eine weitere Schwierigkeit im Umgang mit dem „größten Clown des Jahrhunderts", wie Markus seinen Vater nennt. „Der Vater ist nicht einfach. Er hat so viel Herz, aber er ist auch stur. Man darf ihm nicht auf die Füße treten." Markus' Halbbruder Ralf aus Süpers erster Ehe erinnert sich daran, wie ihn sein Vater manchmal mit dem Moped oder mit dem Auto abgeholt und mitgenommen habe, wenn er beruflich als Kurierfahrer unterwegs war. Auch Angeln seien sie immer wieder zusammen gewesen. „Aber Erziehung kann man das nicht unbedingt nennen. Der Vatter wor immer löstich, ävver och immer op Jöck", sagt der Haustechniker der Kölner Radrennbahn. Die Familie ist ausnahmslos sehr stolz auf Hans Süper. Der Respekt für die Leistung des Künstlers ist groß. Wenn einer mit dem Kopf immer auf der Bühne ist, muss man wohl in Kauf nehmen, dass manches im familiären Bereich zu kurz kommt. Dasselbe sagt der große Karnevalist über den eigenen Vater auch.

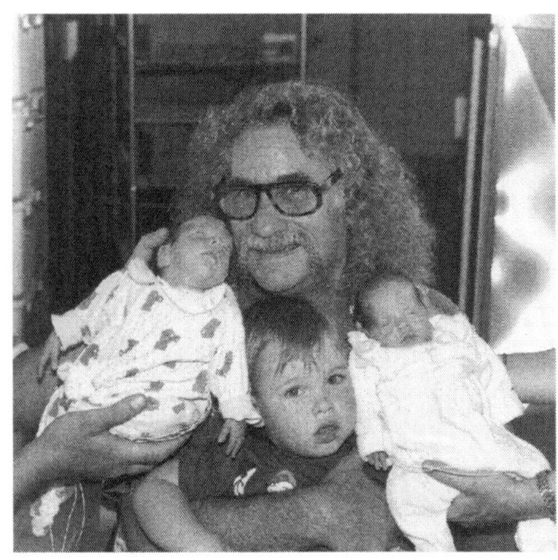

Opa Hans mit den Kindern seines Sohns Ralf: Christian und die Zwillinge Jessica und Sven

Der dreifache Großvater Süper redet nicht gerne über diese Dinge. Das Thema Familie ist heikel, es geht ihm sehr nah. Er hat eine Vorstellung davon, wie es hätte sein sollen. „Einmol hät minge Äldeste Probleme jehat met nem Mädche. Dr Jung kom ze mir un hät Rotz und Wasser jeheult. Ich han ihm jesaht: Jung, ich kenn dat. Dun do ruhig kriesche. Dat deit jot. Dann hät der ein Johr bei mir im Huus jewonnt. Einmol han ich minge Jung bei mir doheim jehat. Dat wor die schönste Zick, minge Jung met mir zesamme. Da wor ich dr Vatter." Das sind die Themen, bei denen der sehr sensible Spaßmacher an seine Grenzen kommt. Es sind die Situationen im Leben, in denen ein Spaß nicht weiterhilft.

Beim Hausbesuch 2010 erzählte Süper von einem Nachbarn, der unter Depressionen litt. Den habe er mal kräftig in den Arm genommen und gesagt: „Wenn do et ärme Dier häs, ruf mich an, dann künne mer uns ungerhalde." Er wollte den Mann aufheitern. Auch das sei „wie ne Auftritt" für ihn, „die Leute holen, ihnen Kraft geben". Doch nicht zu jeder Lebenslage passt so ein Auftritt. So hat er keinen Weg gefunden, mit seinem zweiten Sohn wieder selbst in Kontakt zu treten, dazu mussten erst die Ehefrauen aktiv werden. So ging er nach der Trennung auch einem Treffen mit seiner zweiten Frau aus dem Weg. Wahrscheinlich weil er nicht wusste, was er dann sagen sollte, meint sein Sohn Markus. „Dabei würde gar nichts Schlimmes passieren." Und so hat Hans Süper es auch nicht geschafft, den sterbenskranken Hans Zimmermann am Krankenbett zu besuchen, sondern nur einen großen Blumenstrauß hingeschickt.

„Hans Süper ist sehr ehrlich, immer sehr direkt", sagt Walter Möbius, der ihn als behandelnder Arzt kennengelernt hat, als Süper im Krankenhaus lag. Er hat den Kontakt zu dem „besonderen Patienten" nicht verloren und scheint ihn aus seiner Perspektive als Arzt ganz gut zu kennen. Süper sei kein Egoist, sondern einer, der mit anderen mitfühlt. Eine ehrliche kölsche Haut mit viel Mutterwitz. Einer, der keinen hängen lässt, aber wohl auch genau wisse, wie man sich in schwierigen Situationen „durchlaviert". Solche Situationen versucht Süper zu umgehen, denn am liebsten hätte er keine Probleme. Dazu passt sein Hobby, das Angeln, dazu passen seine langen Aufenthalte in Spanien – da hat er seine Ruhe vor allem, was ihn belasten könnte, einschließlich dieser Stadt und ihrem Karneval, die ihn gnadenlos vereinnahmten und jedes Jahr Höchstleistungen von ihm verlangten. „Ich glaube nicht, dass das ein Flüchten ist", sagt Markus Süper. Die langen Auszeiten seien eher Ausdruck eines sturen Kopfes, der sich nicht reinreden lassen will. „Wenn die Session vorbei wor, kunnte se ihn alle ens jään han", sagt Ralf. Sein Vater habe immer viel in sich reingefressen. In Spanien habe er dann richtig abschalten können. Hinzu kam, dass Hans und Helga Süper in wärmeren Gefilden ihrer Gesundheit etwas Gutes tun konnten. Diese Monate im Süden waren Hans Süper heilig. Da musste Sohn Ralf sogar bei seiner Hochzeit auf die Anwesenheit des Vaters verzichten. „Ich han die Kutsche und dat Buffet bezahlt, wor ävver selvs nit met dobei", sagt der Vater. „Ich konnte damit leben", sagt der Sohn.

Verreist ist Hans Süper immer gerne, er schwärmt von Irland, Hawaii und Mallorca. Seit Mitte der 1970er-Jahre fuhr er zum Angeln nach Mequinenza an den Ebro-Stausee in die spanische Provinz Saragossa. Anfang der 1980er-Jahre entschloss er sich sogar, dort ein Haus zu kaufen, in dem er dann jedes Jahr einige Monate verbrachte – bis er es schließlich seinem Sohn Markus schenkte. Ab da wurde Gran Canaria das Ziel für den Langzeiturlaub, der 2010/2011 so gelegt wurde, dass nicht nur die komplette Karnevalssession, sondern auch sein 75. Geburtstag in die Urlaubszeit fiel. Denn auf Gran Canaria konnte er selbst bestimmen, was wann und wo läuft. In Köln wären Anfragen und Betteleien nach Interviews und Auftritten sowie Gratulationen auf ihn eingeprasselt. Wenn es die Gesundheit seiner Frau erlaubt hätte, wären die beiden wahrscheinlich auch beim 80. Ge-

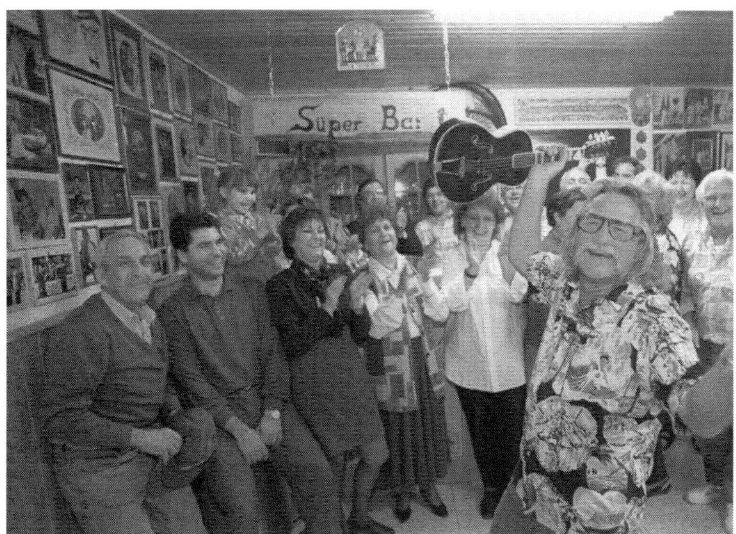

Party in der Süper-Bar in Mequinenza

burtstag im Süden geblieben. Doch das Reisen wurde zu viel, und Auswandern kam für den kölschen Jung nicht in Frage.

Reiner Ostertag, der ihn bereits am Ebro im spanischen Kurzzeit-Exil besuchte, berichtet, dass er dort auch immer wieder einen anderen Hans Süper erlebt hat. „Da wurde er gelassener. Er konnte dort anders sein als in Köln." Vielleicht war auch das ein Grund für die langen Auszeiten. Weil Süper in Köln immer und überall die Erwartung an den Spaßmacher erfüllen wollte, musste er runter von dieser großen Kölner Bühne und weit weg von ihr. Nur so konnte er ruhiger und ein bisschen ernster werden. Weg von zu Hause nahm er sich Zeit, nicht nur zum Angeln. 20 Katzen, berichtet Ostertag, hätten sich zeitweise um das Haus in Mequinenza getummelt. Und Süper stellte allen Tieren täglich Fressen vor die Tür. Und als seine Lieblingskatze nicht mehr kam, die er „Pantherchen" genannt hatte, war er traurig wie ein kleiner Junge. Das Tier, das irgendwann arg geschunden und mit zerrissenem Fell und Wunden vor der Tür gestanden habe, hätte wohl im Leben genauso kämpfen müssen wie er, erzählte er Ostertag am Telefon.

Zu glauben, dass sich der quirlige kleine Mann in Spanien völlig verwandelte, wäre jedoch auch falsch. Hans Süper hatte auch dort jeden Tag seinen Auftritt, berichten Bekannte, die ihn im Urlaub besucht haben. Wenn er fuhr, ließ er zu Hause, was er nicht brauchte, und nahm mit, was ihm gefiel. Ein bisschen Köln musste auch in der Ferne sein, denn sonst hätte ihn das Heimweh noch mehr geplagt, als es so schon der Fall war. „Am Engk hatt ich schon Heimweh, bevor ich lossjefloge bin. Da wollt ich schon op dem Wäch zum Flughafen widder zerück", erinnerte er sich an die letzten Jahre am Ebro. Auf Gran Canaria sei das ein bisschen einfacher gewesen, weil da viel Deutsch gesprochen wurde. „Dat macht et leichter, do es e bessje Heimat drin." Und Mallorca sei fast gar kein Problem für den Kölner. „Mallorca is jo Kölle, oder?" Er hatte Spaß daran, wenn er immer

Mit dem Motorrad auf Gran Canaria

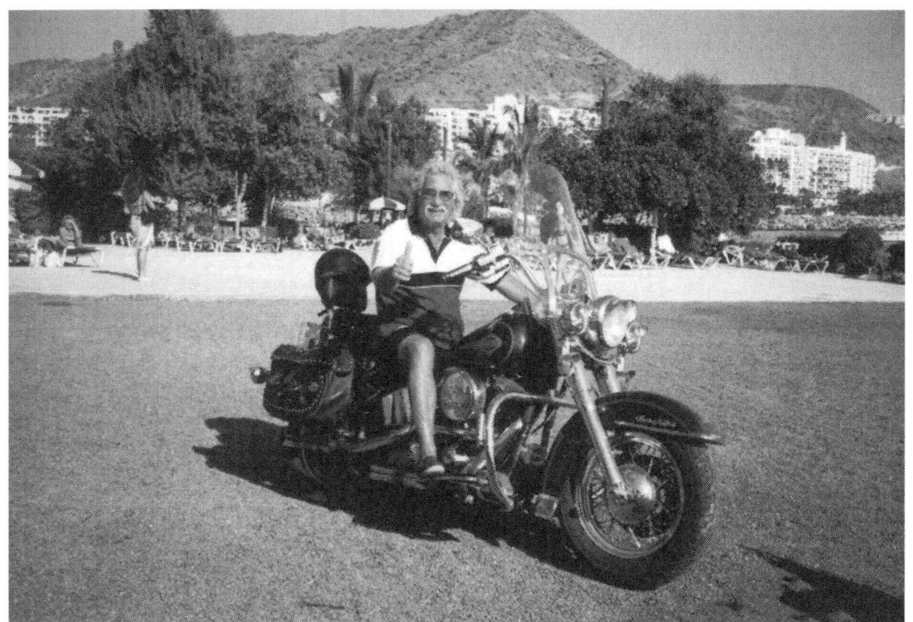

wieder mal erkannt wurde und Leute Fotos mit ihm machen wollten. „Et es schön, wenn de su ne Bekanntheitsgrad häs, auch noch nach all denne Johre. Un immer widder sprich dich einer aan."

Mequinenza sei dagegen eine ganz andere Welt gewesen. Auch deshalb hatte er sich dort eine Süper-Bar mit verschiedenen Zeugnissen aus der Heimat eingerichtet. Die Wände hingen voller Bilder: Leute und Erinnerungen, die ihm wichtig waren und sind. Bilder von den Zwei Schnürreme, vom Colonia Duett und vom Süper Duett. Fotos mit Helmut Kohl, Gitte und Udo Jürgens und mit Willy Millowitsch – „däm Papa vun Kölle". Ein Bild zeigte Hans Süper als Clown im Zirkus Busch. Als ihn der WDR mal in Mequinenza besuchte, um zu zeigen, wie Hans Süper im fernen Spanien lebte, sah man einen kölschen Jeck, der Tausende Kilometer von Köln entfernt kölsches Lebensgefühl vorführte. Süper tänzelte in Badehose zu kölscher Musik, sang und philosophierte, während Helga in der Küche Kohlrouladen zubereitete. Ein offenes Haus sei das gewesen. Die Spanier, mit denen er sich anfangs überhaupt nicht unterhalten konnte, seien immer gerne mal vorbeigekommen. „Am Aanfang han mer uns met Häng und Bein verständigt. Aerobic säht man dofür." In dem Fernsehbeitrag kann man sehen, dass Süper mit der Zeit tatsächlich ein wenig Spanisch gelernt hat – ein sehr rheinisches Spanisch. „Wat mer kunnte, reichte aus. Ich ben ja sowieso nur am Wasser am Fische jewäse."

Genug geredet, Zeit für Musik, diesmal nicht mit der Flitsch, sondern mit einer Ukulele. Sein Bekannter Giovanni Luzi, „Anrheiner"-Schauspieler und Diskjockey, hatte ihm ein paar Tage vor dem Interview Musik von Israel Kamakawiwo'ole vorgespielt, jener zeitweise 343 Kilo schweren und 1997 an krankhafter Fettleibigkeit verstorbenen Musiklegende Hawaiis. Der Sänger begleitete sich selbst auf einer Ukulele. Süper hatte das beeindruckt. Jetzt versuchte er das neu Entdeckte nachzuspielen. Er zupfte, suchte, fand und freute sich über jede Harmonie.

Was hat er verpasst, was hätte er gerne noch gemacht? An seinem kleinen Küchentisch erzählte er, dass er mal im Hänneschen hätte anfangen können. Auch vom Fernsehen gab es ein interessantes Angebot. Für die Produktion, die später als „Der Dicke und der Belgier" bei SAT1 mit Dieter Krebs und Carry Goossens lief, sei zunächst er im Gespräch gewesen. Er sagte beides wegen der vielen Verpflichtungen im Karneval ab. „Ich weiß nicht, ob ich das gekonnt hätte." Er sei ja kein Schauspieler, außerdem hätte er hinter der Britz oder vor der Kamera ja keinen Kontakt zum Publikum gehabt, den er doch immer so dringend gebraucht habe. Nachtrauern würde er nur der verpassten Chance, mal im Unterhaltungsprogramm einer Bädertour oder einer Kreuzfahrt mitgemacht zu haben – „och um ens ze teste, wie ich da aanjekumme wör".

Er hat viel Respekt für andere, die Musik, guten Karneval oder Kabarett machen. Jürgen Becker, Götz Alsmann – „dä met singer Well" – , Herbert Knebel oder Wilfried Schmickler findet er genau wie Rainer Pause und Norbert Alich vom Bonner Pantheon-Theater großartig. „Die liebe ich, die sin der Hammer." Einmal bei den Mitternachtsspitzen dabei gewesen zu sein, war ihm eine Ehre, auch wenn er erst mal gar nicht gewusst habe, was er da machen sollte. Das politische Kabarett nötigt ihm größten Respekt ab. Er ist sehr stolz auf seine Freundschaft zum verstorbenen Hanns Dieter Hüsch. Einmal habe dieser ihn ins Senftöpfchen eingeladen. „Do hät der Dinger jebraht, wo die Leute dermaßen drüber jelaach han, während ich die üvverhaup nit verstande han, worum et jing." Das habe er auch Hüsch nach der Pause gesagt. „Et muss jot jewäse sin." Man solle sich nicht so wichtig nehmen, sagte Süper, während er auf der Ukulele die Akkorde suchte. „Ich stehe dazu: Was ich nicht kann, kann ich nicht. Was ich nicht weiß, weiß ich nicht."

Mit Politik hat er wenig im Sinn. Vor ein paar Jahren war das Rauchverbot ein Top-Thema. Weil ihm „Arschlöcher" nun überall das Rauchen verbieten dürften, stehe es nicht gut um die Freiheit in diesem Land. „Do hät doch fröher kein Sau noh jekräht. Futsch es se, die jode ahle Zick, wo in Colonia noch alles schöner war." Süper steht für diese Zeit, ein Original, ein kölscher Superstar, der dazu mahnt, sich an Vergessenes zu erinnern. Gibt es ein Lebensmotto, das ihn begleitet hat? „Begleitet han mich Minsche", sagte er und dachte dabei vor allem an sein Publikum. „Die han mir dat jejevve, wat ich bruche. Die han mich nie beloge, die han jemerk, wenn mir die Muffe jeiht. Die Leute wussten: Ich ben su, wie ich ben. Und die wussten och: Wenn ich ens nit ankomme, fall ich zesamme."

In einem Buch über ihn müsse unbedingt Folgendes stehen, sagte Hans Süper damals zur Verabschiedung im geschichtsträchtigen Innenhof an der Luxemburger Straße: „Ich habe trotz Elend und Leid das Glück gehabt, etwas schaffen zu können. Kann et jet Schöners jevve? Wenn ich de Arsch zumaache, kann ich ze mir sage: Häns, do häs zwar nix jeliert, ävver do häs jet bewäch. Do häs nit umsonst jeläv."

Und dann? Kommt was danach? Sitzt Hans Süper dann in Karl Berbuers himmlischem Elferrat mit dem stets mit sich und der Welt zufriedenen Fleuten Arnöldche? Jesus sei für ihn „ne jode Mann" gewesen, „un irjendwann liere ich den ens kenne, oder?" Er sei sich noch nicht ganz im Klaren, was denn nach dem Tod passieren könne. Nicht so schön sei für ihn die Vorstellung, im Jenseits dem ein oder anderen „Arschloch" wieder begegnen zu müssen. „Vielleicht es do ja doch jet. Dat kanns de ävver eets feststellen, wenn do de Fott zojemaht häs. Ich kann mir nit vürstelle, dat, wenn et dr Jesus wirklich jitt, dä mich dann nit eren lööt. Ich wor immer ne leeve, ne nette, ne anständige un ne ehrliche Jung jewäse."

Mit der Kirche an sich will Hans Süper nichts zu tun haben. Da ist außer der Erinnerung an das allabendliche Gebet als Kind vor einem selbst gebauten Zigarrenkisten-Altar mit „nem Tuch drüvver un nem Kreuz drop" nicht viel an positivem Bezug geblieben. „Ich bin die Kirche nach vielen Erfahrungen leid geworden. Ich bruch die Pasture nit. Wat die schon all aanjestallt an." Die Kirche habe mehr gelogen als er in seinem Leben. „Da weedste schon bedrisse, wenn de eren küss. Do steht ne Schweizer em Dom, der jar keine Schweizer es. Ich kenne den, der wohnt in Sülz." Aber die Probleme mit dem „Bodenpersonal" der Kirche sind eben nicht alles. Warum sonst macht jemand, dem die Kirche angeblich gestohlen bleiben kann, in schöner Regelmäßigkeit für Menschen aus seinem Umfeld oder Verstorbene Kerzen im Dom an? „Dat klingt komisch, aber es ist für mich ein gutes Gefühl, wenn ich ne Kerze aufstelle." Er sagt, er habe durchaus einen Glauben, aber der habe eben nichts mit der Kirche zu tun. „Ich glaube an das Gute, und auch an Jesus. Der muss gelebt haben, denke ich. Sonst wöödt da nit su vill Verzäll drum jemaht weede. Dat war ein Prediger und ein guter Mensch, der aber unbequem war. Deshalb moot hä weg. Dat es wichtig ze wisse."

Etwas sicherer als bei der Frage nach einem Leben nach dem Tod war er sich bei der Vorstellung, wie denn sein diesseitiges Ende aussehen sollte. „Dr schönste Dud wör für mich: vorm Dom stonn, noch einmol erop gucke un dann umfalle." An dieser Stelle machte er eine seiner berühmten Kunstpausen. „Ävver vürher stelle ich noch e Käätzje op. Nach dem Motto: Achtung, ich kumme!"

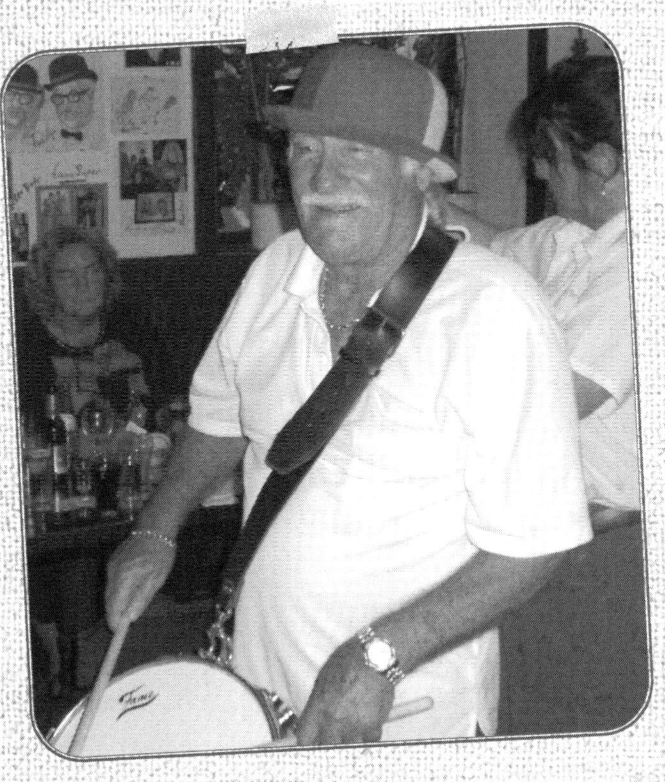

Ich ben vun Köln
am Rhing ze Hus

Ein Abend mit dem Stammtisch „Spät do, fröh voll“

„Et jitt nix schöneres op dr janzen Welt, wenn du weißt, wo du dinge Wurzeln häs. Ich möchte niemals vun Kölle wegjonn. Für die paar Mond in Spanien jeiht dat, ävver mer müsse immer widder zeröck. Dat es einfach esu: Heimat es Heimat. Dat kann man nit liere, dat kann einem keiner opschwatze. Dat es e Jeföhl. Wenn ich dat esu sage, kriege ich schon vum Sprechen en Jänsehaut.“

„Hätzlich wellkumme zom Stammdesch ‚Spät do, fröh voll‘!“ Reiner Ostertag, langjähriger Senatspräsident der 1956 gegründeten 1. Karnevalsgesellschaft Klüttefunke Oberliblar ist aufgestanden, um durch einen Abend zu moderieren, von dem er selbst nicht weiß, wo und wie dieser enden wird. Ein guter Karnevalspräsident kann viel sprechen, ohne viel zu sagen. Hauptsache, „et mäht Spaß“. Ostertag steht in der Kneipe „Beim Kölsche Jung im Haus Schulz“ in der Weyerstraße am Barbarossaplatz. „Es dat nit widder herrlich, dat mer all widder he sin.“ Applaus. Die schöne Kneipe ist über und über dekoriert mit Karnevalsdevotionalien, Erinnerungen an prominente Besucher, Orden und Fotos, Autogrammen und Schals. Ein Bild erinnert ans „Charly-Niedieck- Gedächtnissingen“, das 2009 hier stattgefunden hat: Hans Süper mit Flitsch und roter Pappnase, und in der Ecke vor der Toilette sieht man die klassischen Utensilien der Kaschämm-Sänger parat liegen: Gitarre, Akkordeon und Trömmelchen.

Die hier geschilderten Eindrücke von einer ungewöhnlichen Zusammenkunft wurden staunend ein paar Jahre vor der Umbenennung der Kneipe gesammelt. 2016 übernahmen die Betreiber des gegenüberliegenden Haus Töller das Lokal. Der Stammtisch „Spät do, fröh voll“ war zwischenzeitlich an einen anderen Ort gezogen. Einige Mitglieder wie Alt-Oberbürgermeister Norbert Burger oder Josef „Knolle-Jupp“ Stollenwerk sind in den vergangenen Jahren verstorben.

Bei damaligen Stammtisch-Treffen passt der Ort des Geschehens ausgezeichnet, nicht nur weil sich das Lokal nach eigenen Angaben „zur Aufgabe gemacht hat, mit Musik und Frohsinn für das seelische Wohl der Gäste zu sorgen.“ Es ist auch ein Ort der kölschen Mythen und Legenden.

Die „Kayjass Nummer Null", deren Ruhm einst die Vier Botze begründeten, befindet sich ganz in der Nähe. Hans Süper wohnte hier als Kind, bevor der Krieg ausbrach. Durch das Veedel soll sich einst der Geruch von Lina Süper Reibekuchen verbreitet haben. Die älteren Brüder von Tommy Engel bekamen mit der Kinderbande „Ahl Muur" von den Mitgliedern des „Griechenmarkts" mit Paul und Hans Süper die Hucke voll.

Thomas Cüpper, im Karneval als „Klimpermännchen" unterwegs, hat sein Akkordeon vor den Bauch geschnallt, um in den nächsten fünf bis sechs Stunden nahezu ohne Pause zu spielen. „Wenn dä einmol aanfängk, hürt dä nit mih op", sagt Stammtischbruder Hans Süper. „Dä hät en Stimmchen! Wahnsinn!" Der Exprinz von Bergisch Gladbach singt wie Willi Ostermann und kann auf seinem Akkordeon einfach alles begleiten – selbst Lieder, die er gar nicht kennt. „Das ist, was ich brauche", sagt Karnevalsrentner Süper. „Ich muss unter Menschen. Ich muss Menschen anfassen können. Dafür hatte ich früher keine Zeit."

Hier beim Stammtisch „Spät do, fröh voll" kann jeder, der will, etwas beitragen. Stammtischmitglied Ernst Bley, Seniorchef des gleichnamigen Fachbetriebs für Karnevalsorden aller Art – Motto: „Heute besprochen, morgen gegossen" – , sorgt für den ersten Redebeitrag des Abends. Dem wohlbeleibten 72-Jährigen fällt nach einer Knieoperation das Laufen schwer. Doch das hindert ihn nicht daran, in die imaginäre Bütt zu steigen. Aus der Küche hat er sich einen Kochtopf geholt und auf den Kopf gesetzt, dazu hat er einen Besenstil geschultert – nur um einen einzigen Witz zu erzählen: „Da sagt der Major zu seiner Majornäise ..." Tosender Applaus. „Ernst, jetzt wirst du als Jungkarnevalist gehandelt", ruft Altmeister Ludwig Sebus in den Raum, bevor Reiner Ostertag die Stammtischschwester Renate Baum, „de Putzfrau vum Rothus", ankündigt. Diese kann in schönstem Kölsch reimen. Hier wird das Brauchtum tatsächlich gepflegt. Denn: „Dä Himmel weed üch beschötze, sulang noch de Sproch von uns klingk", wie Cüpper als Überleitung zum nächsten Höhepunkt des Abends singt. Der kölsche Autor Heinz Monheim hat den rund 20 Stammtischteilnehmern eine Erzählung mitgebracht. Der Spezialist für Geschichte und Geschichten aus dem Nachkriegsköln dichtet von einem armen Wandersmann, der in den Armen einer schönen Försterin landet. Kölsche Poesie mit züchtiger Erotik.

Wirt Hans-Dieter hat ein paar Stammgästen verraten, dass in seiner Kneipe heute ein besonderer Kreis zusammenkommt. Während sie noch in respektvoller Distanz am Tresen stehen, werden sie staunende Zeugen der unglaublichen Auftritte von Edo Morawietz. Süper hat vorgewarnt: „Pass op, wat jetz passeet." Ein 63-jähriger Mann, der eben noch brav bei Kölsch und Bratkartoffeln saß, betritt den Raum – als Marie-Luise Nikuta. Jedes Detail, von der Frisur bis zur schwarzen Strumpfhose in hochhackigen Schuhen, stimmt. Edo sieht nicht nur aus wie Marie-Luise. Für fünf Minuten ist er tatsächlich die Mottoqueen. Das ungläubige Staunen beim Publikum weicht Jubel und Begeisterung. „Travestie in dr Weyerstross! Dä blöht op, wenn dä sich verkleide kann", weiß Süper. Beim letzten Stammtisch habe er Edo geküsst, aber gleich hinterhergeschickt: „Ävver maach dir kei Hoffnung!" Aus den Lautsprechern scheppert das unvermeidliche Nikuta-Medley ihrer größten Hits, während Edo zentimeterdick geschminkt und mit roten Lippen die Kneipe zum Tanzen bringt. Nach einer Umkleidepause kommt er noch mal: „Wille Wille Witt, mer sin se quitt!" Diesmal ist Edo „Et Fussich Julche". Woher hat er diese Damenkleider in seiner Größe? Auf Nachfrage verrät er später, dass er sich diese Kostüme von einer Schneiderin als Spezialanfertigungen machen lässt. Edo tanzt zu Marita Köllners Zeilen „Alte Liebe macht Flügel im Bauch. Es tut weh, aber gut tut es auch". Er schunkelt mit den Gästen, klettert auf einen Stuhl. „Dat es so schön", ruft Ostertag. Oder wie der Kölsche es kurz und knapp auf den Punkt bringt: „Dat es Hätz!"

Reinold Louis, nicht nur einer von Kölns kompetentesten Karnevalsforschern, sondern auch erfahrener Sitzungsleiter, übernimmt kurz die Moderation. So wie damals, als er einspringen musste, weil ein anderer Sitzungspräsident „kurzfristig verstorben" war, wie er sagt. Da habe Edo als Andrea-Berg-Imitation das Publikum einer Damensitzung zu wahren Begeisterungsstürmen gebracht. Mit einem Lied, dessen Text er bis heute nicht verstehe: „Du hast mich tausendmal belogen." Wie ist das möglich?, fragt Louis. Träumt die Verletzte doch davon, dass der Drecksack wiederkommt: „Hab so oft mit dir gelacht. Ich würd es wieder tun, mit dir, heute Nacht." Und wir bekommen wegen jeder Kleinigkeit Ärger, beschwert sich der Brauchtumsforscher. Eine Sitzungskapelle hätte an dieser Stelle einen Tusch gespielt.

Zu Willi Ostermanns „Ich ben vun Köln am Rhing ze Hus" schunkelt die Kellnerin mit einem Tablett „Moselfeuer" an den Tisch, um ein Ründchen Kräuterlikör auszuschenken. Louis berichtet von Jupp Schmitz' Erzählungen über Ostermann und davon, wie irgendwann die

Spielsucht den großen Kölner Liedermacher im Griff hatte. Zwischen zwei Auftritten habe der Wetten platzieren müssen. Und dann gibt es noch die hübsche Geschichte von der gescheiterten Zusammenarbeit zwischen Willi Ostermann und dem Kaffeeverkäufer Tengelmann, der den bundesweit erfolgreichen Sänger und Komponisten mal für einen Werbespot engagieren wollte. Ostermanns Idee war bei Tengelmann allerdings nicht gut angekommen. Doch seinen Vorschlag zu überarbeiten und neue Liedzeilen abzuliefern, sah er gar nicht ein. Stattdessen habe er an Tengelmann geschrieben: „Herr Ti, Herr Ta, Herr Tengelmann, wat jeiht mich dinge Kaffee an. Jangk op ding Plantage. Leck mich am Arsch."

„Mer maache he ne richtig schöne Dress", freut sich Thomas Cüpper, als sich ein reisender Zimmermann aus Hamburg, der angeblich schon seit vier Jahren auf der Walz ist, ins Haus Schulz verirrt hat und seinen Reim aufsagt, um eine freie Übernachtung zu bekommen. Cüpper kommt als hauptberuflicher Dozent des Bundesamtes für Zivildienst viel herum in der Republik. „Wenn su jet wie he woanders passeere deit, wööde mer injewiese." Ein wenig verlaufen zu haben scheint sich auch Gino, „der kölsche Neapolitaner", der sich erst mit Cüppers Hilfe durch „O sole mio" hangelt, bevor er mit einem Vollplayback um Aufmerksamkeit ringt. Unfreiwillig demonstriert der Schlagersänger, worin der Unterschied liegt zwischen dem, was Leute wie Louis, Sebus oder Süper lieben und können, und dem, was mancher heute für kölschen Karneval hält.

Wie aus einer anderen, untergehenden Welt kommt einem da Hans Knipps „Et hät alles ne Aanfang" vor, das Cüpper mit so viel Liebe und Gefühl singt wie kein anderer. Zum kölschen Wesen gehört eben nicht nur, immer und überall feiern zu können. Der Kölsche ist ein extrovertierter Masochist, der sich auch gerne selbst mit tiefgründigen Lebensweisheiten und dem Mythos, das früher alles besser war, zum Weinen bringt. Solche Schmerzen können schön sein, wenn man sie tief im Bauch spürt. Und so geht das Umschalten von totalem Blödsinn auf sentimentale Emotion auch hier von einer Sekunde auf die andere. „Wer am Aanfang bejriffe, dat er nix halde kann, weed nit küüme, nit klage, der is jlöcklich dran."

Das wunderbare Lied ist eine optimale Vorlage für Ludwig Sebus, der dem Publikum eben noch erläutert hatte, wie er denn die Rolle des liebenswerten, aber etwas trotteligen Fürsten Leopold Maria in der Operette „Die Csárdásfürstin" anzulegen gedenkt. Die Kölner Oper hat den damals 85-jährigen Grand Charmeur des Karnevals für 17 Aufführungen im Mülheimer Palladium, einem der Ausweichquartiere der Oper während der Sanierung, engagiert. „Ihr werdet die Operette nicht wiedererkennen. Zumal wir eigene Texte beisteuern dürfen“, schwindelt der Altmeister. Jetzt singt er sein Lied von „dr Schwazze Madonna en dr Kofferjass“. Hans Süper hält nichts mehr auf seinem Platz, er muss seinen Freund umarmen. Feste Umklammerungen sind zwar beim Singen etwas hinderlich, aber das spielt keine Rolle. Ein Tränchen darf fließen. „Ave, uns Schwazze Madonna“. Klüttefunke-Senatsehrenpräsident Ostertag überschlägt sich bei der Würdigung des Klüttefunke-Ehrensenators Sebus: „Ludwig, do häs die Nächstenliebe noh Kölle jebraht.“ Dieses ungewöhnliche Kompliment ist kaum zu toppen.

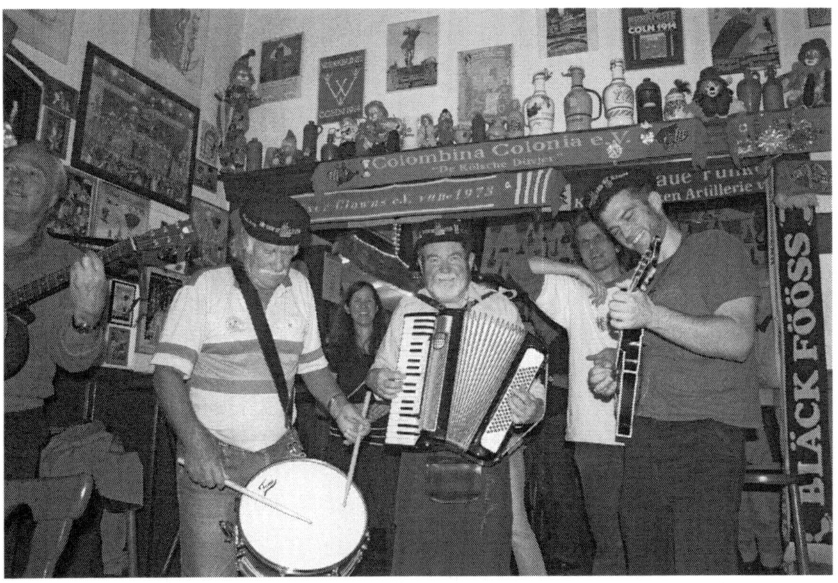

Kaschämm-Musikanten im „Kölschen Jung“: Hans Süper, Wirt Hans-Dieter Flink und Mattes Meyer

Es bleibt kölsch-katholisch: Wirt Hans-Dieter hat sich als Bischof verkleidet und segnet mit einer Spülbürste die anwesende Gemeinde: „Bei de Sünder jet setze, mem Weihwasser spritze, Verjebung verschenke, mem Weihrauchfässje schwenke. Jet schlofe em Jade, mem Herrjott jet schwaade, de hillije Jeist verdeile, an jede ärme Seele“, singt der Chef zum Bläck-Fööss-Playback „Ich wör su jään ens Weihbischof“.

Ostertag hat Stammtischbruder Wilfried Trompetter am Handy. Der fehlt heute genau wie Kölns Alt-Oberbürgermeister Norbert Burger, der auch zu diesem sangesfreudigen Stammtisch gehört. „Dä fährt jrad Lebensmittel, Medikamente und Krankenhausbedarf met däm Wagen vum Stollenwerks Jupp üvver die russische Jrenz", erklärt einer, „Hilfstransporte nach Weißrussland." Das muss man nicht gleich verstehen und die Nachfrage muss ein paar Minuten warten, denn der Anlass bedarf eines besonderen Liedes, das es lautstark durchs Telefon zu singen gilt. „Es steht ein Soldat am Wolgastrand, hält Wache für sein Vaterland. In dunkler Nacht allein und fern, es leuchtet ihm kein Mond, kein Stern." Eine bislang unbekannte Version des „Wolgaliedes" geht auf weite Reise. Danach wird der Unwissende aufgeklärt: Seit 15 Jahren fährt der Verein „Hilfe für Tschernobylgeschädigte Kinder" zweimal jährlich mit Lastwagen der Firma Stollenwerk Hilfsgüter nach Weißrussland. „Als ich euch singen gehört habe, gingen mir die Haare hoch", wird Trompetter nach seiner Rückkehr berichten.

„Dat es esu schön he. Ich künnt övver de Desch flitze un futze", ruft ein Mann namens Jo Prinz. Mittlerweile haben sich einige Stammgäste vom Tresen mit einigen Stammtischmitgliedern bekannt gemacht. Björn „Mattes" Meyer von der kölschen Nachwuchskombo „Decke Trumm" packt seine Mandoline aus und setzt sich mit nach vorne und improvisiert zu Cüppers Akkordeonklängen. Später darf er sein Instrument Hans Süper für ein paar Takte ausleihen. Kann es etwas Größeres geben? Dann singt Jo Prinz – einen Text, den selbst Reinold Louis, der eigentlich alles zu kennen scheint und singen kann, was jemals getextet wurde, noch nie gehört hat. Der 67-jährige Kneipengast singt zwei Lieder, die ihm sein Vater Werner Prinz beigebracht hat. Diese wunderschönen kölschen Lieder sind nirgendwo aufgeschrieben, sie existieren nur in seinem Kopf. Er sei in Ehrenfeld in der Stammstraße geboren, berichtet Jo hinterher. Ganze 43 Jahre sei er nicht in Köln gewesen, weil er als Personalberater und Verkaufstrainer in Europa unterwegs war. Heute hier in der Kneipe bei Kölsch und Halvem Hahn weiß er: „Ich bin wieder zu Hause."

Die Sache mit dem Heimweh nach Köln ist ein Mysterium. „Alle, die von hier avjehaue sin, han Heimweh noh Kölle", erklärt Hans Süper. Ein Fan aus Australien – „dä hieß Häns wie ich" – habe ihn mal angerufen und berichtet, wie er immer „unheimlich Heimweh" bekomme, wenn er Videos von Süpers Duetten sehe. Ausgewandert, geheiratet, Ehe kaputt – „jetz setz dä do allein met singer Installationsfirma in Australien“. Dann habe der eine Hans am Telefon „Nor am Drei-Künnige-Pöötzge“ gesungen, während der andere über 16 000 Kilometer entfernt in seiner Wohnung dazu Mandoline spielte. „Dat kannste nit erkläre“, sagt Süper. „Kölsche sin Kölsche. Der Mann hat jeweint am Telefon, dat musste dir vürstelle. Es gibt keine Menschen auf der ganzen Welt, die so geil sind auf ihre Heimat. Dat es dr Wahnsinn!“

Schluss mit der Psychologie. Hans-Dieter verteilt die Instrumente, Auftritt für die „Stroßemusikante“. Der Wirt spielt die Quetsch, Mattes seine Flitsch und Hans Süper trommelt. Jo versucht, dazu passende Gitarrengriffe zu finden, während Ernst Bley seinen Gehstock zum Tambourstab umfunktioniert, um den Takt vorzugeben. Es folgen „Du bes die Stadt“ und „Oh, wie ist das schön“. Und als Zugabe – na klar – „Heimweh noh Kölle“.

Bevor sich der Stammtisch „Spät do, fröh voll“ auflöst, verteilt Ernst Bley kleine Orden an alle, die etwas aufgeführt haben. Hans Süper zitiert eine Frau, die im Fernsehen gesagt habe: „Ich brauche keinen Orden. Orden sind wie Hämorrhoiden. – Wieso? – Jedes Arschloch kriegt einen.“ Bleys hübscher kleiner Orden zeigt „ne kleine Jeck“, wie er sagt. Der „kleine Jeck“ ist Hans Süper.

QR-Codes (bitte mit Smartphone scannen!)

01. De Fleech (live) – Colonia Duett
Text: Marcel Schmidt, Gustav Röttgen;
Musik: Hans Süper, Hans Zimmermann;
Verlag: Accord/Bläck Fööss
℗ 1981 Bläck Fööss/EMI Electrola
(Mit freundlicher Genehmigung)

02. Mi Kölle dräht en Peelekett – Colonia Duett
Text: Hans Zimmermann, L. Bennigsfeld;
Musik: Hans Zimmermann; Verlag: Bläck Fööss
℗ 1989 Moeve Musik (Mit frdl. Genehmigung)

03. Die Mösch – Süper Duett
Text & Musik: Werner Keppel, Hans Süper;
Verlag: Meen Music
℗ 1994 Meen Music (Mit frdl. Genehmigung)

04. En d'r Kayjass Nummer Null –
Tommy Engel, Hans Süper, Gerd Köster, Frank Hocker
Text: Wilhelm Herkenrath;
Musik: Hermann Kläser; Verlag: Orbs MV
℗ 1998 EMI Electrola (Mit frdl. Genehmigung)

05. Kölsche Jung – Hans Süper
Text & Musik: Fritz Weber;
Verlag: Edition Melodia/Hans Gerig
℗ 2004 Dat Kölsche Hätz/Dabbelju Music
(Mit freundlicher Genehmigung)

06. Blues for the Flitsch – Hans Süper
& die Kölner Saxophon Mafia
Musik: Wollie Kaiser; Verlag: Manuskript
℗ 1991 Wollie Kaiser (Mit frdl. Genehmigung)

07. Och hätte mer dat doch gewoß – Die Zwei Schnürreme
Historische Aufnahme aus dem Jahr 1952
℗ Wicky Junggeburth (Mit freundlicher Genehmigung)

Außerdem in dieser Reihe:

14,99 €

Erhältlich als Buch und eBook

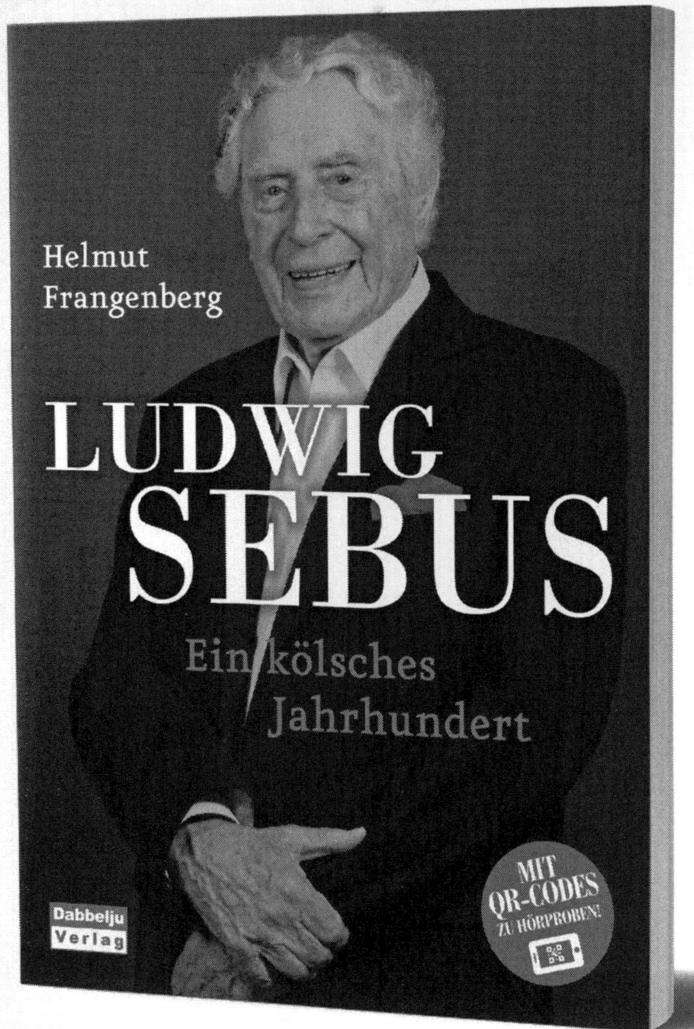

ISBN 978-3-939666-37-0 · DABBELJU VERLAG · **WWW.DABBELJU.DE**

Geboren 1925, kann der Kölner Sänger Ludwig Sebus auf ein bewegtes Leben zurückblicken. Der Grandseigneur des rheinischen Entertainments ist nicht nur ein exponierter Vertreter der typisch kölschen Liedkultur. Er ist auch ein engagierter Zeitzeuge: Seine Erlebnisse als Mitglied einer unangepassten Jugendbewegung und später als Soldat im Zweiten Weltkrieg motivieren ihn, sich für ein tolerantes und weltoffenes Köln einzusetzen. Nach der Rückkehr aus der russischen Kriegsgefangenschaft trifft er auf eine Stadtgesellschaft, die nichts mehr wissen will von Schuld und Verstrickungen. Die NS-Zeit wird noch Jahrzehnte lang verdrängt – auch im Kölner Karneval, wo sich Sebus als „Krätzjersänger" etablieren kann. Indem der Autor Helmut Frangenberg das Leben dieses außergewöhnlichen Unterhaltungskünstlers beschreibt, gelingt ihm ein lesenswerter Rückblick auf fast einhundert Jahre kölscher Kultur- und Zeitgeschichte.

Mit den QR-Codes im Buch finden Sie bisher unveröffentlichte Aufnahmen und Klassiker des Musikers aus allen Phasen seines Schaffens.